LA BONDAD
DEL REINO

LA BONDAD DEL REINO

UN MOVIMIENTO PARA TRAER CIVISMO A LA CULTURA

TONY EVANS

WHITAKER
HOUSE
Español

La bondad del reino

Un movimiento para traer civismo a la cultura
Tony Evans

Edición: Henry Tejada Portales

ISBN: 979-8-88769-246-3
eBook ISBN: 979-8-88769-247-0
Impreso en Estados Unidos de América
© 2024 por Tony Evans
Originally published in English under the title *Kingdom Kindness* by Bethany
House Publishers, a division of Baker Publishing Group, Grand Rapids, Michi-
gan, 49516, U.S.A. All rights reserved.

Whitaker House
1030 Hunt Valley Circle
New Kensington, PA 15068
www.espanolwh.com

Por favor, envíe sugerencias sobre este libro a: comentarios@whitakerhouse.com

1 2 3 4 5 6 7 8 9 10 **ʟʟɪ** 31 30 29 28 27 26 25 24

Este libro especial está dedicado con alegría a mi nueva esposa,
Carla Evans, que rebosa del espíritu de bondad de Dios
dondequiera que va y con todo aquel que conoce.

ÍNDICE

INTRODUCCIÓN: UNA CRISIS DE MEZQUINDAD

Nuestra cultura y nuestro mundo en la actualidad están lidiando con un virus de mezquindad y egoísmo. Ya sea en las redes sociales, en el lugar de trabajo, en canales y *podcast* de noticias, o en las discusiones que tienen lugar entre las personas, la mezquindad domina la atmósfera. Incluso aparece en compradores que están insatisfechos y en conductores enojados. Una mentalidad de sentirse con derechos ha conducido a las personas a creer que su "verdad" es más importante que el trato a otras personas o su bienestar.

Una y otra vez somos testigos de que esta ausencia de civismo se ha normalizado en nuestro entorno, nuestras familias y relaciones. Comenzó a desarrollarse y aumentar en torno a los periodos electorales a lo largo de la década pasada, cuando insultar y señalar con el dedo llegó a ser parte del discurso general. Entonces aumentó durante la pandemia y el confinamiento, cuando todos los límites sobre juzgar a otros que podrían estar en desacuerdo con nosotros (y pautas sobre cómo se hacía eso) quedaron perdidos. El respeto y la bondad dieron paso rápidamente a la acusación y el insulto. A lo largo de los años, el modo en que tratamos a los demás y hablamos acerca de ellos se ha vuelto tóxico, lanzando ahora más que nunca a la cultura los efectos de la amargura, la vergüenza, el resentimiento y el orgullo.

Durante este tiempo, Dios puso en mi corazón hacer hincapié en un espíritu de bondad hacia los demás. Comenzó en la iglesia donde yo soy pastor. Desarrollamos e imprimimos tarjetas llamadas "Actos de Bondad" para que los miembros de la congregación pudieran tener una herramienta para compartir bondad en la cultura. Esta tarjeta era para acompañar un acto de bondad por un desconocido o un amigo, lo cual a su vez ofrecía la oportunidad de que hubiera oración y la presentación del evangelio. Con los años, fueron impactadas las vidas de personas, y muchas de ellas llegaron a la iglesia como resultado de recibir esos actos de bondad.

Fue entonces cuando el Señor puso en mi corazón iniciar esta misma estrategia de bondad en la cultura por medio de nuestro ministerio nacional: Alternativa Urbana. Desde el lanzamiento de la campaña hemos distribuido cientos de miles de tarjetas con la intención de crear un efecto dominó de cambio en nuestra cultura. El objetivo es transformar el entorno y la atmósfera, y que pase de la mezquindad y el egoísmo a los actos de bondad y el amor.

Este libro tiene como objetivo ayudar en este proceso y mostrar lo que es la bondad, por qué es importante; y advertir también que Dios nos llama a amar a los demás para la gloria de su nombre. Cuando comprendamos y apliquemos los principios de la bondad, descubriremos que las bendiciones de Dios pueden incluso tener un efecto búmeran sobre nosotros. ¡La bondad es buena para todos, y especialmente para la persona que la ofrece! Es mi esperanza y mi oración que nosotros, como seguidores de Jesucristo y su reino, podamos vivir como líderes al inspirar un cambio cultural, de modo que la bondad y el amor puedan llegar a ser normalizados en la forma en que vivimos nuestras vidas y nos relacionamos los unos con los otros en nombre de Dios.

Espero que usted llegue a ser parte de este movimiento haciendo actos de bondad, orando por personas y asegurándose de que ellos oigan el evangelio, de modo que aumente su recompensa en el cielo y las bendiciones en la tierra. Todo esto se cumple por medio de actos de bondad sencillos y a la vez intencionales.

Tony Evans, Dallas, Texas

1

CREADOS PARA LA BONDAD

La plaga de la peste negra en el siglo XIV ha pasado a la historia como la pandemia más fatal de todos los tiempos. En solo unos pocos años esta infección mortal se llevó la vida de cientos de millones de personas en todo el mundo. Muchos afirman que mató a la mitad de Europa. Algunas ciudades perdieron hasta al 80 por ciento de su población. Los índices de supervivencia entre quienes entraban en contacto con la bacteria *Yersinia pestis* estaban en torno al 30 por ciento como promedio.[1]

La plaga se extendió rápidamente, acompañada de síntomas horriblemente dolorosos y con poca esperanza de alivio. Ya sea que fuera tocado por el dolor de la enfermedad o el dolor de la tristeza y la pérdida, nadie en Eurasia occidental (Eurasia es un término que define una zona geográfica que comprende Europa y Asia unidas) o el norte de África escapó a su ira.

La pandemia de la COVID-19 que comenzó en el año 2020 también envió oleadas globales de conmoción, cambiándolo todo a su paso. Y aunque no es comparable con la plaga bubónica o muchas otras plagas de siglos anteriores debido a los avances en la ciencia médica, siguió causando estragos en nuestro mundo. Conozco a pocas personas que no fueron tocadas por esta pandemia, ya sea por la pérdida de un ser querido (o varios seres queridos) o la pérdida de la normalidad de la vida y las rutinas de trabajo. Sin embargo, la COVID-19 no es el único virus mortal con el que contendemos en la actualidad. Existe una pandemia de fuerza y destrucción similares. Es la pandemia de la mezquindad que se ha apoderado de nuestro mundo.

Esta pandemia surgió por la división política, la división racial, el acoso en el internet y las revueltas generales en la sociedad. Alimenta una atmósfera de fuerte crítica, odio y deshonra. La falta de respeto en la conversación y la acción se ha normalizado en nuestra cultura. Somos consumidos por el egoísmo, lo cual conduce a una mentalidad de aplastar y arrebatar, ya sea en palabra o en obra. El internet se ha convertido en una cloaca de negatividad, dando espacio para que las estrategias de división de Satanás no solo echen raíces, sino que también se desarrollen. La cultura de la cancelación es ejemplo de esta mentalidad que pone al yo en primer lugar, la cual busca eliminar cualquier cosa y todo lo que esté en desacuerdo con el *statu quo* "aprobado".

Una cosa sería si estuviéramos hablando solamente de que los incrédulos son quienes participan en esta pandemia de mezquindad; sin embargo, no son solamente los incrédulos participan, los sitios de redes sociales cristianas con frecuencia no difieren del resto. Juicio, acusación e insulto son partes integrales de esta pandemia. De hecho, conozco a algunos individuos que no son creyentes y son más amables que muchos cristianos.

Conozco a varios que son menos egoístas, orgullosos y divisivos. Por desgracia, muchos en el cuerpo de Cristo se han unido a la cultura contemporánea en cuanto a no reflejar el Espíritu de Cristo a la hora de relacionarse con otros. Han caído presa de una pandemia que se difunde mediante los gérmenes del odio y la vanidad.

Todas las pandemias tienen un punto de origen. Esta pandemia de maldad y mezquindad está vinculada a un grave pecado que la Escritura denomina egoísmo. El egoísmo y el grandioso enfoque en el yo han elevado vicios que dañan la conducta relacional por encima de las virtudes del reino de bondad, amor y mansedumbre. Ahora bien, comprendo que nadie es perfecto y que todos pecamos. Habrá días en los que su juego, o mi juego, no se desarrolle bien. Sin embargo, cuando la mala conducta se convierte en la norma para un gran número de personas, o cuando el cuerpo colectivo de Cristo llega a ser conocido por la mala conducta, tenemos una pandemia.

Nuestra cultura se está desintegrando a gran velocidad con esta prevalencia de la mezquindad. Vivimos en tiempos complicados que están impulsados por el egocentrismo cuando la "verdad" de cada uno compite con la de otros. Nuestras redes sociales están llenas de este mismo tipo de maldad que, por muchos motivos, se ha infiltrado en la atmósfera con una pestilencia de división. Sin embargo, como creyentes hechos a imagen de Dios, no fuimos creados para la mezquindad. Fuimos creados para la compasión. Fuimos creados para la bondad. La Biblia dice en Romanos 2:4 (LBLA): *¿O tienes en poco las riquezas de su bondad, tolerancia y paciencia, ignorando que la bondad de Dios te guía al arrepentimiento?* En otras palabras, Dios no ha ejecutado su ira sobre ninguno de nosotros tal como merecíamos. Él no reacciona cada vez que pecamos o metemos la pata. No nos aplasta cada vez que fallamos. Debido a su bondad, es paciente y tolerante mientras espera que lleguemos a un lugar de arrepentimiento. Dios no nos cancela cuando metemos la pata. Su bondad modela cómo hemos sido creados para vivir. La bondad debe ser la marca distintiva de quiénes somos.

Salmos 117:2 (LBLA) dice: *Porque grande es su misericordia para con nosotros, y la fidelidad del Señor es eterna. ¡Aleluya!* Grande es la fidelidad de Dios. En su bondad no hemos sido destruidos, dada la santidad de Dios y que no estamos a la altura de sus normas. Dios es bueno incluso con los "ingratos y malos" (Lucas 6:35).

> DIOS NO NOS CANCELA CUANDO METEMOS LA PATA. SU BONDAD MODELA CÓMO HEMOS SIDO CREADOS PARA VIVIR. LA BONDAD DEBE SER LA MARCA DISTINTIVA DE QUIÉNES SOMOS.

Leemos más acerca de la bondad de Dios en Salmos 119:76, que dice: *Sea ahora tu misericordia para consolarme, conforme a lo que has dicho a tu siervo.* La bondad ofrece consuelo y nos revela el corazón amoroso de nuestro Padre que está en el cielo (véase Éxodo 34:6). Debido a la bondad de Dios, vivimos, nos movemos y somos (véase Hechos 17:28). Por lo tanto, como seguidores de Él y discípulos del reino, la bondad debe ser nuestro *modus operandi*. Debe ser el modo en que actuamos y cómo nos comportamos.

Como hijos del Rey, debemos vivir como embajadores de la bondad de Dios. Él no quiere que sus seguidores sean solamente amables. Quiere que seamos bondadosos. Amable puede ser una persona o una personalidad, pero la bondad requiere acción. La bondad es lo que hacemos a otros y por otros en nuestra amabilidad. Bondad es amabilidad en exposición. De hecho, las personas debieran saber cuán amable es usted por el modo tan bondadoso en que habla, camina y se comporta. Cuando la bondad es una mentalidad, se muestra en lo que hacemos. Actos de bondad rutinarios y regulares pueden penetrar en la cultura, creando una atmósfera nueva y fresca de amor, aceptación y paz. La bondad es la demostración visible del amor a medida que buscamos beneficiar a otros en nombre de Dios.

Hace unos años atrás, la iglesia que yo pastoreo tuvo un problema en nuestro centro educativo. Poco después de ser construido y abierto, notamos que había un hedor continuo en uno de los baños. Había un olor apestoso que a pesar de todos nuestros esfuerzos de limpieza simplemente no desaparecía. Llamamos a equipos internos para que lo abordaran. Cuando no pudieron eliminarlo, llamamos a equipos externos para que se ocuparan de ello. Pagamos a limpiadores profesionales para que cambiara la atmósfera que no solo se había asentado en el baño, sino que también se había trasladado a los pasillos de la escuela. Poco después, el mal olor comenzó a inundar todo el edificio.

El olor permanecía no por una falta de intentar eliminarlo. Permanecía porque nada de lo que hicimos para eliminarlo funcionó. Otorgamos fondos al proyecto para eliminarlo. Conectamos con profesionales para eliminarlo; sin embargo, el mal olor permanecía. No desapareció hasta que una persona de nuestro equipo observó algo muy sencillo y que todos los demás habían pasado por alto. Observó que el ventilador del techo giraba en la dirección equivocada; por lo tanto, en lugar de expulsar el mal olor hacia las zonas ventiladas, el ventilador introducía el mal olor en el baño. Cuando cambiamos la dirección del ventilador para que girara en la dirección correcta, el núcleo del problema quedó resuelto.

Actualmente en nuestra cultura hay mal olor. La atmósfera está cargada de falta de civismo y de conflictos. A pesar de todos los fondos asignados para mejorar la sociedad y todos los intentos de aquietar los problemas validando a todo el mundo, el problema sigue ahí. Eso se debe a que tenemos demasiadas personas con corazones que giran en la dirección equivocada. Cuando los corazones se alejan de Dios y de los valores de su reino, el resultado es el caos. Ninguna cantidad de dinero, esfuerzo o programas resolverá el caos causado por haber eliminado los valores de Dios de nuestra cultura. Solo cuando nuestros corazones estén en consonancia con Dios será cuando veamos los efectos de una atmósfera que rebosa vida.

Filipenses 2:1-7 nos muestra los ingredientes de un corazón como el de Cristo. Leemos:

> *Por tanto, si hay alguna consolación en Cristo, si algún consuelo de amor, si alguna comunión del Espíritu, si algún afecto entrañable, si alguna misericordia, completad mi gozo, sintiendo lo mismo, teniendo el mismo amor, unánimes, sintiendo una misma cosa. Nada hagáis por contienda o por vanagloria; antes bien con humildad, estimando cada*

uno a los demás como superiores a él mismo; no mirando cada uno por lo suyo propio, sino cada cual también por lo de los otros. Haya, pues, en vosotros este sentir que hubo también en Cristo Jesús, el cual, siendo en forma de Dios, no estimó el ser igual a Dios como cosa a que aferrarse, sino que se despojó a sí mismo, tomando forma de siervo, hecho semejante a los hombres.

Si Jesús hubiera sido egoísta, nadie sería salvo. Nadie estaría de camino al cielo. En cambio, debido al corazón de Jesús de amor, bondad y entrega, no se aferró a su posición legítima. Él era "en forma de Dios", pero "no estimó el ser igual a Dios como cosa a que aferrarse". En lugar de eso, se entregó a sí mismo como sacrificio por los pecados de la humanidad. En este pasaje, Pablo nos insta a tener en nosotros mismos esa actitud que Jesús modeló para nosotros con su vida y su muerte.

Dios no se opone al interés personal. El interés personal no es pecado. El *egoísmo* es pecado. Vemos eso en el pasaje que recién leímos. Pablo escribe que no miremos meramente "cada uno por lo suyo propio", por nuestro propio interés. Eso nos dice que está bien asegurarnos de que nosotros estemos bien. Puede asegurarse de que las cosas estén funcionando bien para usted. No hay nada de malo o pecaminoso con respecto a eso; sin embargo, lo malo y pecaminoso es mirar *solamente* por uno mismo. Es egoísta estar interesado solamente en cómo nos va personalmente. Si es usted una persona que quiere ser bendecida, pero nunca desea ofrecerse para ser una bendición para otra persona, y tampoco lo hace, eso está mal. Los santos egoístas no contribuyen en nada a una sociedad mejor, porque el egoísmo está arraigado en la falta de amor por los demás. El amor edifica una cultura porque los atributos del amor contribuyen a vidas y relaciones saludables.

El pasaje de 1 Corintios 13 nos dice lo que engloba el amor. Uno de los aspectos más importantes del amor es la bondad. Leemos en 1 Corintios 13:4 (NVI): *El amor es paciente, es bondadoso. El amor no es envidioso ni presumido ni orgulloso.* En otras palabras, si usted es desagradable, entonces no ama. El amor *es* bondadoso. Si es usted mezquino con alguien, no tiene amor. Si es antipático u odioso en su conversación con su cónyuge, no tiene amor. Puede usted decir "te amo"; pero eso no significa nada si no está unido a acciones de amor: acciones arraigadas en la bondad. El amor que viene de Dios es bueno. El amor no menosprecia al otro. El amor no reduce la dignidad del otro mediante palabras, acciones egoístas, ignorar a la persona o excluirla. El amor es amabilidad en función, no en filosofía.

VIGILE LO QUE DICE

Si vive usted en Texas como yo, estará familiarizado con el tiempo significativamente caluroso en el verano. El verano en Texas puede ser similar a inviernos en otras regiones en el sentido de que las personas insisten en quedarse siempre en el interior o dentro de un vehículo para llegar a otro lugar donde también estarán en el interior. Sin embargo, sin importar dónde viva usted, los termostatos son importantes, y lo son durante todo el año porque regulan la temperatura interior. Cuando hace frío afuera, queremos poder elevar la temperatura. Cuando hace calor, queremos poder bajar la temperatura. Un termostato gobierna la atmósfera. Dondequiera que usted esté, el termostato está ajustado para afectar el ambiente.

Como cristiano, usted tiene un papel a la hora de influir en su ambiente. Debe servir como un termostato espiritual, ayudando a regular la atmósfera y dirigiéndola hacia el amor. Aunque usted solo no puede controlar la temperatura de los injustos o la cultura en general, puede controlar el termostato de su propio corazón. Si suficientes cristianos se unen para regular el termostato del amor mediante la bondad, influiremos en la sociedad en general. Un termostato de santos puede difundir el amor de Dios. Dios espera que demostremos su amor a los demás mediante nuestras buenas palabras y nuestras buenas obras.

El apóstol Pablo habla de estas buenas obras en Efesios 4:29-32, que dice:

Ninguna palabra corrompida salga de vuestra boca, sino la que sea buena para la necesaria edificación, a fin de dar gracia a los oyentes. Y no contristéis al Espíritu Santo de Dios, con el cual fuisteis sellados para el día de la redención. Quítense de vosotros toda amargura, enojo, ira, gritería y maledicencia, y toda malicia. Antes sed benignos unos con otros, misericordiosos, perdonándoos unos a otros, como Dios también os perdonó a vosotros en Cristo.

Lo fundamental de este pasaje es lo siguiente: vigile su boca. Sea consciente de lo que sale de ella porque las palabras que usted dice pueden realmente entristecer al Espíritu Santo de Dios. No debería haber ningún seguidor de Jesucristo comprometido con el reino que sea conocido por su grosería, fuerte crítica, insultos o lenguaje de odio. Colosenses 4:6 dice que nuestras palabras deberían estar "sazonadas con sal". Deberían ser gustosas, digeribles y agradables. Eso incluye lo que decimos en las redes sociales.

Cuando yo era instructor de seguridad acuática hace décadas, tuve que realizar la técnica de reanimación del boca a boca a una víctima que se ahogaba. Tuve que ayudarlo a volver a respirar introduciendo aire en su cuerpo con la vida que estaba en mí. En la actualidad necesitamos cristianos que sepan utilizar sus bocas para permitir que otros vivan y vuelvan a prosperar. Necesitamos declarar gracia al que escucha, y verdad influenciada por el amor. Toda verdad debería estar envuelta en un espíritu de amor para que así no se perciba como crítica. El amor deja saber a la otra persona que nos interesa y que lo que decimos lo hacemos con el ánimo de ayudar y no de herir. En lugar de desahogarnos acerca del estado de nuestra nación o de nuestra sociedad, necesitamos ministrar a otros mediante lo que escogemos decir.

EN LA ACTUALIDAD NECESITAMOS CRISTIANOS QUE SEPAN UTILIZAR SUS BOCAS PARA PERMITIR QUE OTROS VIVAN Y VUELVAN A PROSPERAR. NECESITAMOS DECLARAR GRACIA AL QUE ESCUCHA, Y VERDAD INFLUENCIADA POR EL AMOR.

Simplemente prenda el televisor o vea contenido en el internet durante cualquier cantidad de tiempo, y rápidamente quedará horrorizado por lo que pasa como lenguaje normal. Las personas están minimizando la maldad de unos hacia otros en lo que dicen y lo que suben al internet en estos tiempos. Usted y yo no debemos quedar atrapados en eso. No debemos adoptar ese modo de vivir, porque no somos así en Cristo. Debemos reflejar a Jesucristo en todo lo que decimos y hacemos. Nuestras palabras deberían dejar claro que es Dios quien controla nuestra lengua.

NO SOLO LO QUE DECIMOS, SINO TAMBIÉN LO QUE HACEMOS

Además de buenas palabras, debemos ser conocidos por buenas obras. Mateo 5:16 dice: *Así alumbre vuestra luz delante de los hombres, para que vean vuestras buenas obras, y glorifiquen a vuestro Padre que está en los cielos.* Las buenas palabras siempre deberían ir seguidas por buenas obras.

De hecho, 1 Timoteo 6:17-19 explica que, si Dios nos ha bendecido, debiéramos usar esa bendición para bendecir a otros:

A los ricos de este siglo manda que no sean altivos, ni pongan la esperanza en las riquezas, las cuales son inciertas, sino en el Dios vivo, que nos da todas las cosas en abundancia para que las disfrutemos. Que hagan bien, que sean ricos en buenas obras, dadivosos, generosos; atesorando para sí buen fundamento para lo por venir, que echen mano de la vida eterna.

Usted fue creado por Dios para buenas obras que lo glorificarán a Él y producirán beneficio a quienes le rodean (véase Efesios 2:8-10). Lo que usted hace y lo que dice debieran demostrar la bondad de Dios a un mundo que está inmerso en la mezquindad. En lo más alto de la pandemia, todo el mundo estaba preocupado por cuán contagioso era el virus. Lo que necesitamos en este momento es un contagio positivo de bondad que inunde nuestra cultura y se difunda como las ondas expansivas sobre el agua. Debiera extenderse mediante cualquiera que afirme a Jesucristo como su Salvador. Debemos buscar oportunidades y ser intencionales para reflejar el amor de Dios en todo lo que hacemos.

Tengamos en mente que las buenas obras son diferentes a las cosas buenas. Los pecadores pueden hacer cosas buenas. Los ateos pueden hacer cosas buenas. Los paganos pueden hacer cosas buenas. No es necesario ser cristiano para hacer algo bueno. Hay personas que no son cristianas y que construyen hospitales y orfanatos, y hacen actos de filantropía; sin embargo, como creyentes en Cristo somos llamados a hacer buenas obras y no solo cosas buenas. Mientras que una cosa buena se hace para ayudar a alguien, una buena obra se hace para ayudar a alguien para la gloria de Dios y en su nombre. Cuando Dios no está vinculado al bien que usted hace, entonces es solamente una cosa buena; sin embargo, usted y yo hemos sido llamados a hacer "buenas obras". La buena obra temporal y física conduce a la oportunidad espiritual eterna de que Dios se manifieste a la persona o personas impactadas. Nuestras buenas obras deben dar a Dios la gloria que Él merece.

Una buena obra definida bíblicamente busca hacer tres cosas:

1. Llevar a las personas al reino mediante la salvación en Cristo (evangelismo, 1 Pedro 3:15).

2. Ayudar a las personas a ser más útiles para el avance de reino de Dios en la tierra (discipulado, Mateo 28:19-20).

3. Beneficiar a las personas del reino en sus diversas situaciones en la vida, ayudándoles a mejorar un escenario o circunstancia en el nombre de Dios (servicio, Proverbios 25:21).

Cuando usted hace algo agradable, eso es bueno; sin embargo, cuando hace una buena obra está invitando a que haya una realidad espiritual y perdurable eternamente en la necesidad social, emocional o física. Está buscando la adición de un beneficio espiritual a esa cosa buena. El siguiente es un ejemplo para ayudar a esclarecer todavía más este tema: imagine que usted está de pie delante de un elevador y ve que se abre la puerta para descubrir que ese elevador no tiene piso. Si usted diera un paso adelante, terminaría en un desastre muy abajo. Por lo tanto, usted da un paso atrás y se encuentra sano y salvo porque tomó una decisión basándose en lo que vio.

Ahora bien, si usted sigue de pie cerca del elevador y se acerca a un hombre ciego hacia ese mismo elevador, hay una necesidad delante de usted. Además, usted observa que el hombre lleva desatado el cordón de su zapato derecho, pero él no puede ver eso. Debido a su preocupación de que el hombre tropiece, le pregunta si puede atarle el cordón del zapato. Esa es una obra muy buena. Cuando él responde afirmativamente, usted se agacha y lo ata. Se siente aliviado, porque no quiere ver a ese hombre tropezar y caerse.

Pero entonces, cuando él se acerca al botón del elevador y lo presiona, y se abre la puerta para revelar que de nuevo no hay ningún piso, usted decide no decir nada al respecto. No le menciona al hombre ciego que sufrirá una aparatosa caída si entra en ese elevador. Y, aunque es cierto que usted hizo algo bueno al atar el cordón de su zapato para que no tropezara, solamente lo ayudó por un momento. No le ha ayudado hacia su destino, porque ahora ha permitido que atraviese esa puerta para entrar en el elevador que no tiene piso.

Hay muchas cosas buenas que podemos hacer para ayudar a las personas; sin embargo, cuando no logramos vincular esa buena acción a una ayuda a la persona para la eternidad (su destino espiritual), es solamente una cosa buena por un momento. Podemos atar cordones de zapatos todo el día, pero si es tan solo para que alguien pueda caminar con más rapidez y seguridad hacia su destino, eso no tiene mucho sentido espiritual. Dios nos ha llamado, en cambio, a hacer buenas obras en las áreas de evangelismo, discipulado y servicio. De este modo lo glorificamos a Él y mejoramos el bienestar espiritual de aquellos a quienes hemos ayudado.

> **INCLUSO SI A USTED LO TRATAN COMO UNA CELEBRIDAD, DEBERÍA PENSAR COMO UN SIERVO Y ACTUAR COMO UN SIERVO.**

Si usted es pobre y no tiene ingresos suficientes para vivir, eso es malo. En algún nivel puede recibir ayuda a fin de salir de la pobreza. Y si no tiene hogar, esa es una mala situación; sin embargo, también en algún nivel puede recibir ayuda para resguardarse de la lluvia, el calor, el frío, o los días de mal tiempo. Sin embargo, si usted muere sin tener una fe salvadora en Jesucristo, ha recibido un golpe del cual no puede recuperarse. Por eso una buena obra no puede tratarse solamente de ser agradable. En lo que sea posible, debe estar unida al ámbito espiritual o será solamente un parche temporal sobre una crisis eterna.

AMAR A LOS DEMÁS COMO DIOS LOS AMA

Hebreos 13:16 lo expresa del modo siguiente: *Y de hacer bien y de la ayuda mutua no os olvidéis; porque de tales sacrificios se agrada Dios.* Al ser una bendición, usted se abrirá a ser bendecido. Al servir a otros, se acerca más al corazón del propio Dios. Él desea usarnos para avanzar los planes de su reino en la tierra. El fundamento principal de los planes de su reino es este: AMOR. Debemos amar a Dios y amar a los demás. El amor se manifiesta mediante la bondad. Como leímos anteriormente en 1 Corintios 13:4, "el amor es bondadoso". Dios quiere que la bondad sea nuestro lema como creyentes. Debe ser una cualidad que nos define. Él quiere que la bondad sea la atmósfera que produzcamos dondequiera que vamos. Ya sea en lo que subimos al internet, el modo en que comentamos en las redes sociales o lo que decimos en la conversación (o el modo en que tratamos a otros en las filas o en el tráfico), sea cual sea el caso, la bondad debería dominar nuestros pensamientos y acciones.

Vivimos en una cultura en la que cualquiera puede convertirse en una celebridad al instante en las redes sociales; pero no debe haber celebridades en el cristianismo además del propio Dios. Todos deberíamos pensar y actuar como siervos. Ese es el modo en que debemos vivir y que Jesús modeló para nosotros. Incluso si a usted lo tratan como una celebridad, debería pensar como un siervo y actuar como un siervo. Debería buscar hacer todas las buenas obras que pueda, mediante todos los medios que pueda, de todas las maneras que pueda, en todo lugar que pueda y en todo momento que pueda, para todas las personas que pueda de la mejor manera que pueda. Esta mentalidad y estilo de vida de bondad darán a Dios la gloria que Él merece.

2

CULTIVAR LA COMPASIÓN POR LOS DEMÁS

Gran parte de lo que estudiamos cuando examinamos el tema de la bondad en la cultura gira en torno a una pregunta importante. Es una pregunta que aparece con frecuencia en nuestros propios corazones y mentes mientras manejamos este regalo llamado vida. Tal vez la expresamos de modo distinto a otras personas, pero la esencia puede resumirse como sigue:

¿Qué es lo que más importa?

¿Qué necesito priorizar?

¿Qué quiere Dios de mí?

¿Cuál es mi propósito?

Todas estas preguntas aparecen de vez en cuando. Es natural. Queremos averiguar dónde necesitamos invertir nuestro tiempo y energía, y por qué tiene importancia hacerlo. A nadie le gusta desperdiciar sus días o llegar al final de su vida solamente para descubrir que todo ello no significó nada. La pregunta de por qué estamos aquí y lo que debemos hacer con la vida que se nos ha dado es una que todos buscamos responder en algún momento u otro.

Incluso quienes no siguieron a Jesús como discípulos cuando Él caminaba por esta tierra batallaban con estas preguntas. En ocasiones sus preguntas se expresaron frecuentemente disfrazadas como una prueba. Sin embargo, yo supondría que había cierto nivel de sinceridad en sus cuestiones. Una de ellas está registrada en el libro de Mateo, planteada por un intérprete de la ley.

Que el intérprete se acercara a Jesús y le hiciera esta pregunta no era nada fuera de lo común. Había pasado su vida estudiando y aplicando lo que había aprendido de la ley. Había invertido sus días en lo que él pensaba que marcaría una diferencia. Además, puede que escogiera su carrera profesional para poder avanzar socialmente y tener un lugar cómodo para vivir, un hogar seguro como legado para su familia. Sin embargo, después de todo, él sabía que tenía que haber algo más.

El contexto de la pregunta involucra a fariseos que se juntan para engañar a Jesús e intentan hacerlo tropezar. Sin embargo, podríamos preguntarnos si el intérprete que hizo la pregunta realmente quería saber la respuesta, porque la expresó así: *Maestro, ¿cuál es el gran mandamiento en la ley?* (Mateo 22:36).

Sin embargo, la respuesta de Jesús no hizo que tropezara en lo más mínimo, pues no dio lugar a los fariseos para que lo acusaran. Lo que es más, arrojó luz sobre lo que más importa, para el fariseo y para todos nosotros. Los fariseos quisieron probarlo con la pregunta, y en cambio abrieron la puerta para que Él nos diera a todos el modo de vivir una vida pura, santa y con propósito. Leamos su respuesta:

> *Jesús le dijo: Amarás al Señor tu Dios con todo tu corazón, y con toda tu alma, y con toda tu mente. Este es el primero y grande mandamiento. Y el segundo es semejante: Amarás a tu prójimo como a ti mismo. De estos dos mandamientos depende toda la ley y los profetas.* Mateo 22:37-40

La primera parte de la respuesta de Jesús nos deja saber cuál es nuestra mayor prioridad en la vida: amar a Dios con pasión y rectitud. Debemos hacer que agradar a Dios sea lo más importante que podemos lograr. Sin embargo, Jesús añadió el segundo mandamiento, aunque los fariseos no habían preguntado eso: debemos amar a nuestro prójimo como a nosotros mismos. Amar al prójimo es buscar de modo compasivo y recto el bienestar del otro sin esperar recibir nada a cambio.

USTED ES EL PRÓJIMO

En otro de los Evangelios leemos un relato similar en el que un intérprete de la ley se acerca a Jesús para probarlo. Después de que Jesús habló en privado con sus discípulos, el intérprete de la ley se puso en pie para hacer su pregunta públicamente. En la respuesta de Jesús es donde todos descubrimos a quién debemos mostrar bondad y lo que significa ser un prójimo. Leemos en Lucas 10:23-29:

> *Y volviéndose a los discípulos, les dijo aparte: Bienaventurados los ojos que ven lo que vosotros veis; porque*

os digo que muchos profetas y reyes desearon ver lo que voso-
tros veis, y no lo vieron; y oír lo que oís, y no lo oyeron. Y
he aquí un intérprete de la ley se levantó y dijo, para pro-
barle: Maestro, ¿haciendo qué cosa heredaré la vida eterna?
Él le dijo: ¿Qué está escrito en la ley? ¿Cómo lees? Aquel,
respondiendo, dijo: Amarás al Señor tu Dios con todo tu
corazón, y con toda tu alma, y con todas tus fuerzas, y con
toda tu mente; y a tu prójimo como a ti mismo. Y le dijo:
Bien has respondido; haz esto, y vivirás. Pero él, queriendo
justificarse a sí mismo, dijo a Jesús: ¿Y quién es mi prójimo?

El intérprete buscaba justificarse a sí mismo al limitar la respuesta de Jesús a lo que él consideraba que era una respuesta
razonable. Comenzó preguntando cómo podía heredar la vida
eterna, una pregunta arraigada en la autopreservación y la auto-
rrealización; sin embargo, la conversación terminó enfocándose
en la justificación personal. El intérprete pasó de probar a Jesús
a buscar justificar su propia vida, queriendo recibir los beneficios, las bendiciones y las recompensas de la esfera eterna. Se
había convertido en algo personal.

La respuesta de Jesús fue igualmente personal y arrojó luz
no solo sobre lo que el intérprete debía hacer para crecer en
conocimiento y entendimiento espiritual, sino también sobre lo
que tenía que hacer. El intérprete había preguntado quién era su
prójimo; sin embargo, la respuesta de Jesús abordó su pregunta
de un modo totalmente diferente. Mediante su ejemplo descubrimos lo que significa *ser* un prójimo de otra persona. Leemos
la respuesta de Jesús en los vv. 30-37:

Respondiendo Jesús, dijo: Un hombre descendía de Jerusalén a Jericó, y cayó en manos de ladrones, los cuales le despojaron; e hiriéndole, se fueron, dejándole medio muerto. Aconteció que descendió un sacerdote por aquel camino, y viéndole, pasó de largo. Asimismo un levita, llegando cerca de aquel lugar, y viéndole, pasó de largo. Pero un samaritano, que iba de camino, vino cerca de él, y viéndole, fue movido a misericordia; y acercándose, vendó sus heridas, echándoles aceite y vino; y poniéndole en su cabalgadura, lo llevó al mesón, y cuidó de él. Otro día al partir, sacó dos denarios, y los dio al mesonero, y le dijo: Cuídamele; y todo lo que gastes de más, yo te lo pagaré cuando regrese. ¿Quién, pues, de estos tres te parece que fue el prójimo del que cayó en manos de los ladrones? Él dijo: El que usó de misericordia con él. Entonces Jesús le dijo: Ve, y haz tú lo mismo.

Jesús no le dijo directamente al intérprete de la ley quién era su prójimo; en cambio, reveló que el intérprete mismo debía ser un prójimo para cualquiera que tuviera necesidad. La definición de *prójimo* en esta explicación es "el que usó de misericordia con él". Además, el que recibió la misericordia no era alguien con quien el prójimo normalmente se relacionaría, de modo que eso dejó la puerta abierta para ser un prójimo ante cualquiera que tenga necesidad.

Para tener un poco más de contexto cultural, los samaritanos y los judíos eran enemigos manifiestos. Jesús escogió a propósito un ejemplo de alguien en necesidad a quien el intérprete de la ley, como judío que era, naturalmente no buscaría ayudar. Aprendemos de este pasaje que vivir como un prójimo conlleva que busquemos ayudar a aquellos cuyas necesidades vemos y podemos satisfacer, sin tener en cuenta el círculo social, el trasfondo, la raza, o cualquier otro criterio semejante.

El contexto de esta historia nos da perspectiva sobre cómo debemos mostrar bondad a otros. El hombre en la historia iba caminando de Jerusalén a Jericó, que es un recorrido de unos veintisiete kilómetros. No solo es un recorrido largo, también es un descenso pronunciado. Hay una pendiente de más de novecientos metros en el camino de Jerusalén a Jericó. Esta caminata se realizaba por un sendero peligroso que proporcionaba muchos lugares para que se ocultaran ladrones.

Mientras este hombre viajaba cayó en manos de ladrones, quienes lo hirieron de gravedad. Lo golpearon, le robaron y le arrebataron todo lo que tenía. El hombre quedó medio muerto. Ya no podía ayudarse a sí mismo porque estaba débil y sangrando, y puede que incluso quedara inconsciente.

> VIVIR COMO UN PRÓJIMO CONLLEVA QUE BUSQUEMOS AYUDAR A AQUELLOS CUYAS NECESIDADES VEMOS Y PODEMOS SATISFACER, SIN TENER EN CUENTA EL CÍRCULO SOCIAL, EL TRASFONDO, LA RAZA, O CUALQUIER OTRO CRITERIO SEMEJANTE.

Aunque la historia de este hombre implica un robo físico, también ilustra una realidad espiritual que muchas personas experimentan en la actualidad. Multitudes de personas viven una clase de vida medio muerta. Están medio muertos porque les han robado su libertad, su dignidad o incluso su inocencia. Puede que fueran abusados, utilizados, manipulados, y se hayan aprovechado de ellos. Sea cual sea el caso, les han mentido y han terminado perdidos. Ya sea que las circunstancias de la vida, prestamistas depredadores, buscadores de oro, o tramas para hacerse ricos les hayan robado, ahora se encuentran carentes de todo lo que antes tenían, y están destituidos.

Y peor aún están aquellos que se han robado a sí mismos por sus malas decisiones tomadas siguiendo un impulso, las hormonas o las emociones, en lugar de un buen juicio. Esas malas decisiones robaron la vida mediante el pecado y la rebeldía contra la voluntad preferida y revelada de Dios. Siempre que se toman decisiones fuera de la voluntad de Dios, usted no solo se roba a sí mismo y a su futuro, sino que también roba a su legado. Estas pérdidas se pueden amontonar con el tiempo y pueden impedir que las personas actúen adecuadamente como adultos. Está claro que siguen vivos, pero a la vez están medio muertos. En otras palabras, ya no están experimentando todo lo que la vida les podría dar.

Cuando alguien se da cuenta de que está en esta situación y no ve ninguna salida a los errores que ha cometido o al engaño que le ha embaucado, necesita ayuda. Necesita una intervención externa. Necesita alguien que sea lo bastante bueno como para acercarse y ayudarle a ponerse en pie. Eso es lo que necesitaba el hombre que fue golpeado por los ladrones. Tanto un sacerdote como un levita pasaron por allí, y el hombre quizá sintió un rayo de esperanza al verlos llegar. Los necesitaba. Necesitaba su ayuda y su compasión, pero ninguno de ellos le dio ni siquiera la hora. Aunque ambos vieron la necesidad de este hombre y ambos tenían la capacidad de suplir esa necesidad, como no sintieron compasión por él pasaron de largo.

Aunque la tarea de estos hombres era servir a la ley de Dios y venían de Jerusalén, lo cual indicaría que habían salido de la sinagoga o el templo, ignoraron las enseñanzas de Dios sobre ayudar a otros. Cuando se toparon con un hombre medio muerto golpeado y arrojado junto al camino, ninguno dijo nada ni hizo nada, salvo cruzarse al otro lado del camino para evitar al hombre.

No se nos dan las razones por las que el sacerdote y el levita pasaron de largo, pero podemos imaginarlo. Tal vez pensaron que los ladrones todavía andarían cerca. Quizá sintieron que no era seguro detenerse, o puede que pensaran que era una trampa.

Otra razón podría haber sido que intentaban cumplir la ley que les prohibía tocar ningún cadáver. Aunque el hombre todavía no estaba muerto, ellos podrían suponer que iba a morir y no quisieron contaminarse en el proceso de ayudarlo. Otra posible razón para no detenerse fue simplemente que era un inconveniente para ellos. Quizá tenían un horario que cumplir, un plan que llevar a cabo o una reunión a la que asistir. Todas ellas podrían haber sido razones legítimas para pasar de largo junto al hombre golpeado y tendido, al menos desde su perspectiva. Y por eso lo hicieron.

Sin embargo, el samaritano sintió compasión por el hombre; y como resultado se detuvo para ayudarlo. Vendó sus heridas, las untó con aceite y vino y colocó al hombre en su propio animal para llevarlo hasta una posada para que lo siguieran cuidando. Al día siguiente, incluso pagó al posadero para que siguiera cuidando del hombre hasta que se pusiera bien. Aunque el hombre herido era judío y enemigo del pueblo samaritano, el samaritano sabía lo que significaba ayudar a alguien necesitado, y así lo demostró.

Tanto el sacerdote como el levita eran judíos. No había ninguna división entre ellos y el hombre al que habían robado. Culturalmente era mucho más natural para ellos ayudar a ese hombre. Espiritualmente, también era más natural para ellos ayudarlo, y sin embargo no lo hicieron. Estaban demasiado ocupados, o tenían demasiado miedo, o fueron demasiado apáticos. Sin embargo, fue el samaritano quien vio al hombre necesitado y actuó conforme a la compasión que sintió por él.

> **AMAR ES PERSEGUIR DE MODO COMPASIVO Y RECTO EL BIENESTAR DE OTRO. SOMOS LLAMADOS A AMAR A TODOS.**

El intérprete había querido probar a Jesús con su inteligente pregunta, pero Jesús sencillamente le dio por respuesta una pregunta distinta. El hombre había preguntado: "¿Quién es mi prójimo?", pero Jesús le respondió: "¿Quién demostró ser un prójimo?". El hombre había intentado justificarse para no tener que ayudar a los demás. Quería identificar algún segmento presumiblemente menor de personas a las que él tenía que ayudar, para así poder ignorar después las necesidades del resto de la población. Pero Jesús le dio la vuelta al guion, enfatizando qué persona fue la que demostró ser un prójimo. Al hacerlo, Jesús nos deja saber que cada uno de nosotros está llamado a ser un prójimo. Somos llamados a vivir de tal manera que al ver una necesidad y tener los medios para suplirla, nuestra respuesta de prójimo sea sentir compasión y ayudar. El sacerdote y el levita vieron la necesidad. Tenían la capacidad de suplir la necesidad, pero no actuaron como prójimos sintiendo compasión y dando la ayuda. Amar es perseguir de modo compasivo y recto el bienestar de otro. Somos llamados a amar a todos. Juan 13:35 dice: *En esto conocerán todos que sois mis discípulos, si tuviereis amor los unos con los otros.*

Jesús dejó claro que el prójimo era aquel "que mostró misericordia", y que nosotros debemos "ir y hacer lo mismo". No somos prójimos por completo hasta que mostramos misericordia. Mostrar misericordia es actuar de manera compasiva para aliviar la angustia. Así es como debemos vivir. Así es como debemos actuar. Cuando usted se dé cuenta de que la bondad y el amor no son opcionales sino un estilo de vida para los seguidores de Jesucristo, eso cambiará su actitud. Abrirá sus ojos y le dará visión para la obra de Dios en su propia vida. Dios desea bendecir a quienes bendicen a otros que tienen necesidades.

BENDECIR A OTROS LO BENDICE A USTED

Lo que muchas personas no comprenden es que este gran mandamiento de amar y vivir como un prójimo produce resultados transformadores en sus propias vidas. A menudo pensamos que ser buenos con otros es una calle de un solo sentido. Tal vez vemos la bondad como un acto de caridad, algo que marcar en una lista; sin embargo, la Escritura nos dice que lo que hacemos a otros y por otros tiene una gran influencia en la calidad de nuestra propia vida. Cuando usted comprende que sus acciones hacia los demás afectan directamente su propia vida, se lo toma más en serio.

Dios está buscando individuos que no estén tan enfocados en promoverse o servirse a sí mismos, que no estén dispuestos a salir y tocar las vidas de otros. Él busca personas que lleven esperanza a la cultura, además de ayuda. Busca personas a las que no tenga que rogar, empujar y alentar a servir, sino que sirvan por el amor que hay en su corazón. Busca personas que no discriminen a quiénes ayudan, cuándo ayudan o por qué ayudan.

Jesús nos explicó mediante la parábola del buen samaritano que un prójimo (la persona que debemos ser) es alguien que muestra amor y misericordia a otros. Y nosotros, como prójimos, tenemos que ayudar a cualquier persona a la que veamos en necesidad, porque si amamos a Dios, pero no amamos a las personas, realmente no amamos a Dios (véase 1 Juan 4:20). Ambas cosas están conectadas. Las personas son creadas a imagen de Dios; por lo tanto, si usted es mezquino con las personas, es mezquino con Dios. Si usted es apático con las personas, es apático con Dios. Si carece de empatía o compasión por las personas necesitadas, carece de empatía y compasión para Dios y su creación.

Jesús le dijo al intérprete inquisitivo que los dos grandes mandamientos eran amar a Dios y amar a otros (véase Lucas 10:27). Cuando el intérprete de la ley quiso aclarar quién era exactamente su prójimo y a quién tenía que amar, Jesús mostró que estaba haciendo la pregunta equivocada. A fin de cuentas, la compasión no discrimina. La compasión es la disposición a ayudar a la persona que necesita ayuda y cuya necesidad usted puede suplir.

Mucha gente hoy ha sido despojada por personas y prácticas malvadas, decisiones personales, catástrofes, la inflación, el abandono y toda clase de mal, al igual que al hombre de la parábola que había sido atacado y robado. Y mientras que el sacerdote y el levita (quienes venían de la sinagoga) no sintieron nada por el hombre necesitado, el samaritano sí lo hizo. El sacerdote y el levita habían sido demasiado santos para ser buenos, estaban demasiado ocupados para ser buenos, eran demasiado engreídos. Sin embargo, el buen samaritano vio a un hombre (un hombre de otro grupo étnico) cuya necesidad él podía suplir. Sintió compasión y se tomó el tiempo para mostrar bondad.

Es cierto que usted no puede suplir todas las necesidades del mundo, pero cuando Dios le revele una necesidad en medio de su día y le dé la oportunidad de suplir esa necesidad, debe hacer lo que pueda para mostrar bondad.

3

EL IMPERATIVO DIVINO

La mayoría de nosotros hemos ido al circo o hemos visto actuaciones circenses en el internet. Tal vez usted ha visto un espectáculo del Cirque du Soleil (El Circo del Sol) en el que individuos realizan hazañas sorprendentes. Una de las actuaciones que se ven regularmente en este tipo de espectáculos es la cuerda floja. Consiste en una persona que camina sobre un alambre desde un punto hasta otro. Sus manos sostienen un palo para ayudarse a estar firme y erguido, y mantener mejor el equilibrio. El alambre es tan fino que si se inclinan demasiado hacia un lado u otro, se caerían y experimentarían un desastre. Por lo tanto, intentan evitar dar un mal paso. Desbalancearse demasiado sobre la cuerda floja a una altura tan elevada supone una caída.

Por desgracia, actualmente estamos viviendo en un mundo que está desbalanceado. Las personas se inclinan hacia un lado u otro, y después lo vuelven a hacer. Se inclinan hacia lados culturales, lados raciales, lados de clases, lados políticos, lados de género y muchos otros. Hay tanto desbalance en nuestra nación hoy día, que estamos siendo testigos de un desastre de proporciones épicas. Las personas son incapaces de caminar por la vida en línea recta porque se tira de ellas hacia un lado u otro. Su equilibrio ha sido desafiado. El equilibrio de la Iglesia también ha sido desafiado, y los cristianos batallan ahora para lidiar con este asunto del balance.

Por un lado, hay cristianos que tienen la mente tan centrada en lo celestial, que no sirven de mucho en la tierra. Hablan solo de las glorias de la vida venidera, mientras hacen muy poco para abordar los desastres en la vida presente. Por otro lado, están los cristianos que tienen la mente tan centrada en lo terrenal, que no sirven de mucho en el cielo. Se han vuelto tan secularizados, culturalizados y tan mundanos, que el cielo ya no los necesita. No logran incorporar una perspectiva eterna o una agenda del reino a lo que hacen. Sin embargo, cuando falta el equilibrio son muy pocos los que se benefician.

Dios resume en un solo versículo este concepto del balance y nuestra necesidad de tenerlo. Es un versículo muy conocido de la Escritura, pero el hecho de que sea muy conocido no significa que se aplique bien. Este versículo debiera estructurar nuestra actitud con respecto a cómo debemos vivir nuestra vida. Es Miqueas 6:8 (LBLA), y dice:

Él te ha declarado, oh hombre, lo que es bueno.
¿Y qué es lo que demanda el Señor de ti,
sino solo practicar la justicia, amar la misericordia,
y andar humildemente con tu Dios?

Para poner este versículo en contexto, Miqueas es un libro compuesto por un pleito con respecto al pacto. En él, Dios presenta su queja formal y legal contra su pueblo. Su pueblo estaba jugando a la iglesia mientras intentaba sobornar a Dios con religión. Por eso, Él llega hasta este versículo con preguntas retóricas. Leemos:

> *¿Con qué me presentaré al Señor*
> *y me postraré ante el Dios de lo alto?*
> *¿Me presentaré delante de Él con holocaustos,*
> *con becerros de un año?*
> *¿Se agrada el Señor de millares de carneros,*
> *de miríadas de ríos de aceite?*
> *¿Ofreceré mi primogénito por mi rebeldía,*
> *el fruto de mis entrañas por el pecado de mi alma?*
>
> vv. 6-7 (NBLA)

Estas preguntas acentúan y resaltan lo que no se debe hacer al servir a Dios. Suenan bien e incluso pueden verse bien, pero el corazón de Dios desea algo más auténtico. ¿Alguna vez fue a un restaurante y el camarero le llevó algo totalmente distinto a lo que usted pidió? Si le ha ocurrido, probablemente el camarero se disculpó y se dispuso a arreglar lo sucedido. Seguro que no le dejó la comida delante y dijo: "¡Bueno, al menos tiene algo que comer!". Ese tipo de servicio sería inaceptable. De modo similar, el servicio que el pueblo de Dios le daba, según registra el libro de Miqueas, era inaceptable. Le estaban dando a Dios religión, asistencia a la iglesia e incluso sus diezmos. Lo adoraban con un espíritu de religiosidad, pero sus acciones no eran lo más importante para Dios porque no era eso lo que Él demandaba de ellos. Como Rey, Dios debiera recibir lo que Él quiere, y por eso Miqueas 6:8 está escrito en modo imperativo. Un imperativo no es una petición, sino un mandato.

Dios no está *sugiriendo* que practiquemos la justicia, amemos la misericordia y andemos humildemente con Él. No dice que eso sea una buena idea, ni nos pide que hagamos esas cosas cuando nosotros queramos. En realidad, Dios lo está *exigiendo*. Eso es servir a Dios. Vivir de otra manera es vivir desobedeciendo a Dios, su Creador y su Rey. Cuando Dios expuso sus demandas a su pueblo, les dejó saber que si querían que Él aceptara su religión, sus diezmos y su adoración, ellos tendrían que practicar la justicia, amar la misericordia y andar humildemente con Él.

Si usted y yo podemos aceptar estos tres principios en nuestra propia vida, en nuestra familia, nuestras iglesias y comunidades, seremos testigos de cómo Dios interviene para defendernos. Sin embargo, si no queremos asimilarlas en nuestra vida diaria, simplemente seguiremos siendo religiosos como de costumbre. No veremos actuar a Dios de un modo que le dé a Él el mayor honor y gloria.

DIOS NO ESTÁ *SUGIRIENDO* QUE PRACTIQUEMOS LA JUSTICIA, AMEMOS LA MISERICORDIA Y ANDEMOS HUMILDEMENTE CON ÉL. NO DICE QUE ESO SEA UNA BUENA IDEA, NI NOS PIDE QUE HAGAMOS ESAS COSAS CUANDO NOSOTROS QUERAMOS. EN REALIDAD, DIOS LO ESTÁ *EXIGIENDO*.

El primero de los tres principios para la vida en el reino es "practicar la justicia". Es importante observar que justicia es algo que usted *practica*. No es meramente algo que usted discute.

Conlleva algo más que asistir a un taller o un seminario. La justicia se debe practicar, o no será justicia. Con frecuencia surgen preguntas sobre qué es la justicia y cómo llevarla a cabo, y surgen también problemas cuando no compartimos una visión común de lo que significa practicar la justicia. Lo que a mí o a otra persona nos puede parecer justo tal vez no es lo que usted cree que es justo, y viceversa. Estos desacuerdos sobre lo que es justo han llevado a una gran cantidad de divisiones en nuestra cultura y calamidades en nuestra sociedad. Ya sea que nos basemos en la historia, las experiencias o la perspectiva, el punto de vista de las personas sobre la justicia difiere entre ellas. Por lo tanto, aunque tenemos que "practicar la justicia" como seguidores del reino de Jesucristo, primero tenemos que definir lo que significa la justicia para Dios.

En la Escritura, la palabra *justicia* a menudo hace referencia a hacer lo correcto, hacer cosas como está prescrito. Así, la justicia según la Biblia es "la aplicación equitativa e imparcial de la ley moral de Dios en la sociedad".[1] La justicia siempre comienza cuando Dios declara que se haga algo. Santiago 4:12 puntualiza esto cuando dice: *Uno solo es el dador de la ley, que puede salvar y perder; pero tú, ¿quién eres para que juzgues a otro?* Por lo tanto, lo que es correcto y lo que no, es algo que el propio Dios determina.

Cualquier norma debe ser consistente con el único Legislador (Dios) y sus reglas, pues en caso contrario será una norma injusta. El caos es inevitable cuando la justicia queda definida fuera del orden prescrito por Dios. Esta es una manera de entenderlo: imagine que usted estableció ciertas normas para su hogar, pero entonces quienes viven en su hogar decidieron establecer sus propias reglas. Crearon normas que le excluían a usted de poder experimentar cosas en su propio hogar, pero eso los beneficiaba a ellos y al uso que hacen de su hogar. Por consiguiente, las cosas no estarían funcionando en su hogar como usted querría. Usted preguntaría cómo o por qué quienes viven en su hogar hicieron eso. Es su hogar, y usted paga todo lo que ellos disfrutan allí. De modo similar, Dios ha creado el mundo y todo lo que en él hay. Para que las cosas discurran suavemente en su mundo, tenemos que vivir según sus normas y su definición de justicia.

Cuando las personas buscan redefinir la justicia de maneras que les beneficien excluyendo a Dios, están mirando por sus propios intereses. Con frecuencia, esto también significa excluir los intereses de otros. Por eso la justicia tiene que ser imparcial. No puede estar vinculada al interés de ninguna persona o grupo. La justicia debe estar anclada a algo mayor que nosotros como individuos. Tiene que estar vinculada a Dios y sus normas para la humanidad. Cuando un gobierno o entidad dirigente comienza a establecer leyes que benefician a un grupo de personas sin considerar a otro, se han apartado de la receta de Dios para la justicia. Están decretando algo incoherente con el Rey, con su reino, y con el modo en que Él ha diseñado que se desarrolle la historia.

Dios nos ha dado todo lo que necesitamos para vivir según su voluntad y sus caminos. Él ha establecido su gobierno desde los cielos. Él ha combinado la justicia con la rectitud, el amor y la verdad porque no podemos definir la justicia sin saber lo que es correcto. Los siguientes versículos lo describen así:

+ *Justicia y juicio son el cimiento de tu trono; misericordia y verdad van delante de tu rostro* (Salmos 89:14).

+ *Él es la Roca, cuya obra es perfecta, porque todos sus caminos son rectitud; Dios de verdad, y sin ninguna iniquidad en él; es justo y recto* (Deuteronomio 32:4).

+ *La misericordia y la verdad se encontraron; la justicia y la paz se besaron* (Salmos 85:10).

La justicia no puede existir separada de una norma justa mediante la cual medir las decisiones y acciones. Ambas deben ir siempre juntas. Y como Dios es un Dios de justicia, toda justicia debe fluir de su gobierno y sus normas. La injusticia es rehusar aplicar la ley moral de Dios en la sociedad de manera equitativa e imparcial.

JUSTICIA VERSUS PLURALISMO

Estamos viviendo en un periodo de pluralismo. El pluralismo termina coincidiendo con la visión relativista de que lo único absoluto es que no hay absolutos. El pluralismo declara que no existen normas de supervisión. Todos tenemos derecho a establecer nuestras propias normas y no ser definidos ni gobernados por un conjunto de creencias comunes. Cualquier idea es tan válida como cualquier otra. Básicamente, cada uno puede hacer lo que considere correcto ante sus propios ojos (véase Jueces 21:25). Cuando cada grupo puede establecer sus propias normas y chocan con las normas de los demás grupos, se genera caos. Sin pautas de gobierno a las que todos deban someterse, el resultado es falta de paz, armonía y productividad. Vemos esto en toda nuestra cultura hoy en día.

Cuando Dios disciplinó a su pueblo por apartarse de su camino, los hizo regresar al buen camino exigiéndoles que practicaran la justicia. La justicia es la piedra angular de la libertad. No se puede tener libertad como estaba destinada a ser, sin el establecimiento de límites justos y la adhesión a los mismos. Deseamos equidad en la economía, en los entornos laborales, en las relaciones y en todo lo demás; y, sin embargo, Dios dice que no podemos esperar equidad si decidimos actuar apartados de sus caminos justos, inspirados divinamente. Solamente las normas de Dios promoverán una cultura de justicia y equidad. Dentro de sus normas encontramos libertad.

> DEBEMOS DEFENDER Y PROMULGAR EN LA SOCIEDAD LA APLICACIÓN EQUITATIVA E IMPARCIAL DE LA LEY MORAL DE DIOS, BASADA EN SU PALABRA. CUANDO HACEMOS ESO, "PRACTICAMOS LA JUSTICIA".

La Iglesia debe ser el termostato de la cultura. Estamos destinados a ser los influenciadores. Se supone que debemos hacer valer el punto de vista de Dios al demostrar su carácter y su amor. Sin embargo, la Iglesia misma necesita alinearse bajo el gobierno de Dios. Hemos desechado la justicia permitiendo que muchas injusticias queden sin control, tanto en la historia como en nuestros días. La iglesia estadounidense a menudo ha cedido ante la cultura para ser aceptada; por ejemplo, al no abordar las injusticias de la esclavitud y las leyes de Jim Crow de manera significativa hasta el movimiento por los derechos civiles. Más recientemente, el tema del aborto ha conducido a una división en la sociedad y en la Iglesia dando como resultado una falta de influencia cristiana sobre la cultura, ya que algunos solo calman el pluralismo de la elección cuando en realidad la Iglesia debería aplicar la ley moral de Dios en una agenda de justicia integral que va desde el útero hasta la tumba.

En la actualidad tenemos la oportunidad de practicar la justicia y la rectitud en aras de la sanidad, tanto para la cultura como para la Iglesia de Jesucristo. Pacificar una sociedad pluralista teniendo una iglesia de color, una iglesia blanca, una iglesia hispana, etc., es una respuesta del hombre, no de Dios. No deberíamos abandonar la verdad en nombre del amor, debemos elegir adoptar una postura bíblica, llevando la verdad de Dios de manera integral y consistente con amor en cada asunto.

Debemos defender y promulgar en la sociedad la aplicación equitativa e imparcial de la ley moral de Dios, basada en su Palabra. Cuando hacemos eso, "practicamos la justicia".

LO QUE SIGNIFICA AMAR LA MISERICORDIA

En segundo lugar, el pasaje de Miqueas 6:8 nos dice que debemos "amar la misericordia". La justicia se combina con la misericordia, porque si usted se preocupa solo por la justicia puede desarrollar un corazón duro. Puede volverse frío si su único enfoque es la ley y el orden. Inclinarse demasiado hacia la justicia sin combinarla con la misericordia, puede hacer que usted se caiga de la cuerda floja de vivir una vida equilibrada bajo el gobierno de Dios. Debe balancear el palo que lo ayuda a mantener el equilibrio en su caminar de fe. Balancear la justicia con la misericordia produce estabilidad, esperanza y productividad.

La Biblia usa con frecuencia la palabra *hesed* para bondad, o la compasión de Dios. La leemos traducida como "misericordia" en Salmos 100:5, que dice: *Porque Jehová es bueno; para siempre es su misericordia, y su verdad por todas las generaciones.* Dios no solamente se inclina hacia la justicia. La equilibra con la misericordia y el amor. Esto crea una cultura de compasión. Nunca deberíamos querer escoger entre justicia y misericordia. Las dos deben ir de la mano.

La misericordia de Dios lidera con amor. A menudo se muestra hacia aquellos a quienes la vida no ha tratado muy bien. En Zacarías 7:4-10 vemos un destello del corazón de Dios de amor y misericordia relacionado con la justicia:

> *Vino, pues, a mí palabra de Jehová de los ejércitos, diciendo: Habla a todo el pueblo del país, y a los sacerdotes, diciendo: Cuando ayunasteis y llorasteis en el quinto y en el séptimo mes estos setenta años, ¿habéis ayunado para mí? Y cuando coméis y bebéis, ¿no coméis y bebéis para vosotros mismos? ¿No son estas las palabras que proclamó Jehová por medio de los profetas primeros, cuando Jerusalén estaba habitada y tranquila, y sus ciudades en sus alrededores y el Neguev y la Sefela estaban también habitados? Y vino palabra de Jehová a Zacarías, diciendo: Así habló Jehová de los ejércitos, diciendo: Juzgad conforme a la verdad, y haced misericordia y piedad cada cual con su hermano; no oprimáis a la viuda, al huérfano, al extranjero ni al pobre; ni ninguno piense mal en su corazón contra su hermano.*

Una vez más, Dios combina la justicia y la misericordia en este pasaje. Somos llamados a tender la mano a quienes tienen necesidad y, en la medida de lo posible, ayudarlos. Hay muchas personas en nuestro mundo hoy día que están en una situación desesperada, ya sea por haber sido abandonadas por sus padres, por problemas de salud o por otras cuestiones. Dios nos ha pedido a cada uno de nosotros que demos un paso adelante y suplamos sus necesidades con un espíritu de bondad y amor.

Uno de los principios clave en la Escritura es el de mostrar misericordia. Así como todos queremos recibir misericordia de Dios, somos llamados a mostrar misericordia a los demás. Lucas 6:36 dice: *Sed, pues, misericordiosos, como también vuestro Padre es misericordioso.* En otras palabras, cuando usted clama por misericordia, Dios observa su historial de misericordia hacia los demás. Él ve lo que usted ha hecho en esta área. Si no ha mostrado misericordia a los demás, entonces Él podría decidir no mostrársela a usted. Tenemos la responsabilidad de vivir vidas obedientes delante de Dios, y debemos buscar la misericordia en todo lo que hacemos. No podemos buscarla para nosotros mismos mientras se la negamos a los demás. Eso, en sí mismo, no es misericordia.

La misericordia y la justicia tienen que estar en balance. No solo deben estar equilibradas en nuestras prácticas externas, sino también internamente en nuestra relación con Dios. No podemos esperar recibir misericordia de Dios si nos negamos a compartirla con quienes han sido creados a su imagen. Leemos acerca de esto en Mateo 18:23-35, que dice:

Por lo cual el reino de los cielos es semejante a un rey que quiso hacer cuentas con sus siervos. Y comenzando a hacer cuentas, le fue presentado uno que le debía diez mil talentos.

A este, como no pudo pagar, ordenó su señor venderle, y a
su mujer e hijos, y todo lo que tenía, para que se le pagase
la deuda. Entonces aquel siervo, postrado, le suplicaba,
diciendo: Señor, ten paciencia conmigo, y yo te lo pagaré
todo. El señor de aquel siervo, movido a misericordia, le
soltó y le perdonó la deuda. Pero saliendo aquel siervo,
halló a uno de sus consiervos, que le debía cien denarios;
y asiendo de él, le ahogaba, diciendo: Págame lo que me
debes. Entonces su consiervo, postrándose a sus pies, le
rogaba diciendo: Ten paciencia conmigo, y yo te lo pagaré
todo. Mas él no quiso, sino fue y le echó en la cárcel, hasta
que pagase la deuda. Viendo sus consiervos lo que pasaba,
se entristecieron mucho, y fueron y refirieron a su señor todo
lo que había pasado. Entonces, llamándole su señor, le dijo:
Siervo malvado, toda aquella deuda te perdoné, porque me
rogaste. ¿No debías tú también tener misericordia de tu con-
siervo, como yo tuve misericordia de ti? Entonces su señor,
enojado, le entregó a los verdugos, hasta que pagase todo lo
que le debía. Así también mi Padre celestial hará con voso-
tros si no perdonáis de todo corazón cada uno a su hermano
sus ofensas.

Esta historia es una ilustración excelente de por qué es
importante ser intencional en cuanto a mostrar misericordia a
otros. Toda buena dádiva que Dios nos da fluye de su misericordia. No merecemos ninguna de ellas. Cuando Dios examina
nuestro corazón, mira para ver si queremos guardarnos las bendiciones para nosotros o mostrar amor, misericordia y bondad
a los demás. Dios nos ha creado para que vivamos como un instrumento de su bendición, no como un callejón sin salida. Un

instrumento permite que la bendición y el favor de Dios discurran a través de nosotros hacia otra persona.

Debemos entender que aunque el contenido del evangelio habla de la obra consumada de la muerte y resurrección de Jesucristo, el rango del evangelio es que los pobres oigan las buenas noticias. Jesús vino para que los oprimidos fueran liberados. El poder del evangelio es para la eternidad; pero también es para que la vida de la gente mejore en la tierra. Cuando las personas aceptan el glorioso contenido del evangelio, llegan a experimentar la obra de Dios en sus vidas a través de su pueblo. La vida mejora. Las personas son liberadas. A medida que el cuerpo de Cristo lleva a cabo la obra de Cristo mediante actos de justicia, bondad y amor, las cosas mejoran. Las buenas noticias eternas de Jesucristo han sido diseñadas para cambiar la historia. Al mostrar el amor de Dios a otros es como el poder de Cristo se manifiesta en la tierra.

EL PODER DE LA HUMILDAD

Por último, además de practicar la justicia y amar la misericordia, debemos andar humildemente con Dios. Andar con alguien implica cercanía y relación. Dios no desea religión separada de la relación que la acompaña. Si no hay comunión y relación cercana e íntima, la religión se convierte en un evento, simplemente algo que tachar de su lista. Caminar humildemente con Dios indica una disposición para seguirlo e ir a donde Él va. Caminar juntos indica un acuerdo en la dirección. Como dice Amós 3:3: *¿Andarán dos juntos, si no estuvieren de acuerdo?*

Adán y Eva caminaban con Dios en el frescor del jardín. Iban en la dirección de Dios. Enoc también caminó con Dios.

Caminar con alguien significa pasar tiempo con esa persona y ponerse de acuerdo en la dirección donde van. Si alguna vez ha caminado con un compañero, probablemente habrán hablado por el camino. La conversación y la comunión hacen que caminar sea más fácil y la experiencia más agradable. Están compartiendo la vida en movimiento.

Cuando Dios nos pide que caminemos humildemente con Él, nos está pidiendo que compartamos nuestra vida con Él en movimiento. Caminar humildemente indica que no somos nosotros quienes elegimos el ritmo o la dirección. Caminar humildemente significa que vamos junto al otro, quien está liderando. Dios quiere que vivamos la vida con Él, que conversemos con Él, lo escuchemos y aprendamos de Él. La razón por la que nuestras oraciones a veces se vuelven aburridas es porque no nos tomamos el tiempo para escuchar la respuesta. Simplemente recitamos una lista de deseos. Imagine cómo sería eso si lo hiciera con un compañero humano de caminata. No creo que tendría un compañero de caminata después de hacer eso muchas veces.

> **DIOS NOS HA DADO UN IMPERATIVO DIVINO. DEBEMOS PRACTICAR LA JUSTICIA, AMAR LA MISERICORDIA Y ANDAR HUMILDEMENTE CON ÉL.**

Dios quiere escucharle, pero quiere escucharle en el contexto de una relación. Cuando camina humildemente con Dios, le habla sobre lo bueno, lo feo y lo malo. Conversa con Él sobre las luchas, el estrés, las circunstancias, y otras cosas. Está revelando su corazón ante Él. Caminar con Dios es una cuestión de fe y familiaridad. Una de las razones por las que no escuchamos a Dios en nuestras oraciones es porque estamos demasiado centrados en nuestras propias listas. No estamos caminando con Él como lo haríamos con un amigo.

Caminar es un término utilizado para indicar comunión con alguien. Tome el ejemplo de pasear a un perro. Cuando su perro conoce su voz y camina humildemente con usted, no necesita una correa. El perro permanecerá a su lado dondequiera que vaya. Dios desea que permanezcamos con Él y caminemos humildemente con Él, no atados por una correa de deber religioso, sino caminando libremente con Él y por amor a Él.

Ser humilde no significa menospreciarse a uno mismo. Caminar humildemente significa estar dispuesto a someterse a la autoridad divina. Significa que, sin importar lo que otros puedan decir, usted conoce la verdad de que la mano soberana de Dios está sobre todo. Reconoce que todo lo que usted logró en su vida es resultado de la gracia y la misericordia de Dios. Entiende que Dios está sobre usted. La única razón por la que usted es quien es, y lo que es se debe a la bondad de Dios. Cuando comprende eso y se aferra a esa verdad, camina humildemente con el Señor.

Dios nos ha dado un imperativo divino. Debemos practicar la justicia, amar la misericordia y andar humildemente con Él. Cuando hagamos de este imperativo divino nuestro modo normal de actuar, experimentaremos la plenitud de su mano en nuestra vida. Nos convertiremos en un instrumento a través del cual puede discurrir su favor. La bondad en la cultura comienza con un balance saludable de justicia, amor y humildad. Cuando aprenda a incorporar las tres cosas en lo más profundo de su ser para que comiencen a manifestarse en todo lo que hace, ya no tendrá que esforzarse por ser amable y bueno. Ya no necesitará buscar maneras de impactar la cultura para bien. Estas cosas llegarán de modo natural a usted porque brotarán del manantial de vida y amor en su espíritu.

4

VER MÁS ALLÁ DE USTED MISMO

¿Alguna vez ha presenciado cómo cambia por completo la atmósfera de una sala cuando alguien entra? Si es una persona con una personalidad ligera y alegre, tal vez la atmósfera mejora, pero alguien con una actitud negativa o pesimista puede hacer que la atmósfera se vuelva tensa. La atmósfera importa, y es influenciada por más cosas de las que pensamos. La atmósfera en el hogar puede ser un mejor ejemplo. ¿Ha escuchado la frase: "Si mamá está feliz, toda la casa está feliz"? La atmósfera en la que vivimos es sensible a lo que hay en ella.

Por eso la fuerte crítica que vemos que se difunde a través de los medios de comunicación, las redes sociales e incluso nuestra cultura en general es perjudicial. No es algo para tomarlo a la ligera. Si nosotros como seguidores de Jesucristo no defendemos lo que es correcto, estaremos contribuyendo al daño que se está haciendo. Tenemos un llamado a impactar e influenciar nuestra cultura para bien y para la gloria de Dios. Una forma de hacerlo es difundiendo una atmósfera de amor a través de palabras y actos de bondad.

Si hay una mala atmósfera en su cultura, no importa cuánto dinero se gaste en programas para encarrilar la sociedad. Si tiene una mala atmósfera en su iglesia, no importa cuánto invierta en alcanzar a la comunidad. Si tiene una mala atmósfera en su hogar, no importa que la casa sea muy grande o esté muy decorada. Eso se debe a que, si está haciendo planes en una atmósfera con mal olor, sin importar cuán detallados o elaborados sean, nadie querrá estar cerca de un lugar donde huele mal. La atmósfera afecta tanto la eficacia como el disfrute.

Cuando Dios creó la Iglesia, estaba creando un ambiente para fomentar relaciones espirituales y familiares. No creó la Iglesia simplemente para ser un salón de clases donde recibir enseñanza. Tampoco la creó para ser un teatro donde usted acude para ver una actuación. Dios estableció la Iglesia para actuar como una comunidad en la que se puede vivir un cristianismo auténtico. En otras palabras, quería que la Iglesia fuera un lugar donde personas reales, en relaciones reales, estén satisfaciendo necesidades reales de maneras reales. Debemos rechazar y contrarrestar la falta de bondad que solía ser parte de nuestras vidas no redimidas y reemplazarla por obras de bondad (véase Tito 3:1-3).

NO SEA FALSO

¿Alguna vez fue usted a un carnaval y vio figuras de cartón con un agujero en lugar de la cara para que la gente pueda poner sus rostros para hacerse fotografías? Cuando voy a la Feria Estatal de Texas cada año con mi familia, veo esas figuras junto a los juegos y las actividades. Alguien que quiera parecer musculoso y en forma simplemente puede meter su cabeza en el círculo y obtener una fotografía con una apariencia completamente nueva, pero no hace falta ser un genio para observar que el cuerpo no encaja con la cara. Puede dar la impresión de una transformación completa del cuerpo, pero está claramente falseado. Espiritualmente hablando, enfrentamos un problema similar cuando el cuerpo de Cristo se empareja con la cabeza: Jesús. La cabeza y el cuerpo no siempre (o incluso con frecuencia) parecen pertenecer el uno al otro. Por eso hay tantas personas que ya no asisten a la Iglesia, porque sienten que todo es falso.

Somos llamados a vivir vidas cristianas auténticas, y una forma de hacerlo es la manera en que mostramos el amor. Pablo explica esto en Romanos 12:9-13:

> *El amor sea sin fingimiento. Aborreced lo malo, seguid lo bueno. Amaos los unos a los otros con amor fraternal; en cuanto a honra, prefiriéndoos los unos a los otros. En lo que requiere diligencia, no perezosos; fervientes en espíritu, sirviendo al Señor; gozosos en la esperanza; sufridos en la tribulación; constantes en la oración; compartiendo para las necesidades de los santos; practicando la hospitalidad.*

A modo de recordatorio, el *amor* se puede definir como "buscar de forma compasiva y justa el bienestar del otro". Lo que Pablo nos anima a hacer en este pasaje es vivir una vida de amor sin tener una máscara puesta. Cuando escribe que nuestro amor sea sin fingimiento, nos está diciendo que nos quitemos la máscara de la falsedad. La palabra griega traducida como "fingimiento" aquí hace referencia a la idea de un actor que lleva puesta una máscara. En el teatro griego, el mismo actor a menudo hacía distintos personajes. Había un montón de máscaras, y él tomaba la que necesitaba para el personaje que iba a interpretar. Hacer eso se consideraba algo normal y, por lo tanto, el término *hipócrita* simplemente hacía referencia a este papel de fingir ser alguien que no es.

Actualmente, algunos de los mejores actores y actrices en nuestro mundo están en las iglesias los domingos. Llegan con una máscara puesta. Fingen interés o cuidado por los demás, incluso piedad. También lo fingen cuando otros les preguntan cómo están. "Bien, bendecido por el Mejor" es una frase común, aunque su mundo pueda estar derrumbándose y ellos estén lejos de estar bien en ese momento. La razón por la que tantas personas sienten que necesitan ponerse una máscara en la Iglesia es porque temen lo que sucederá si alguna vez se desenmascaran. Tienen miedo a ser criticados, evaluados o juzgados. Sin embargo, la Iglesia fue pensada para ser un lugar donde podamos experimentar relaciones auténticas en comunidad.

Demasiados cristianos se asemejan a la luna. Disfrutamos de nuestro lado iluminado y queremos brillar. Deseamos ser amados, apreciados y valorados, pero también tenemos un lado oscuro. El lado oscuro apesta a egoísmo, secretos y escándalos. Para evitar que alguien vea nuestro lado oscuro nos ponemos una máscara, pero usar una máscara es un problema porque la Biblia nos dice que *Dios es luz, y no hay ningunas tinieblas en Él* (1 Juan 1:5). Por lo tanto, si usted decide vivir su vida detrás de la máscara, no está viviendo en la luz de la presencia de Dios. Quitarse la máscara no significa que usted tiene que ser perfecto.

Significa que tiene que ser honesto y auténtico. Leemos más adelante en 1 Juan 1:6-10:

> *Si decimos que tenemos comunión con él, y andamos en tinieblas, mentimos, y no practicamos la verdad; pero si andamos en luz, como él está en luz, tenemos comunión unos con otros, y la sangre de Jesucristo su Hijo nos limpia de todo pecado. Si decimos que no tenemos pecado, nos engañamos a nosotros mismos, y la verdad no está en nosotros. Si confesamos nuestros pecados, él es fiel y justo para perdonar nuestros pecados, y limpiarnos de toda maldad. Si decimos que no hemos pecado, le hacemos a él mentiroso, y su palabra no está en nosotros.*

Asistir a la Iglesia solamente para alabar no es ser auténtico. Todos tenemos áreas vergonzosas de nuestras vidas o nuestros pensamientos que necesitamos confesar a Dios y ser sinceros al respecto. Dios no se deja engañar por oraciones falsas disfrazadas de planteamientos teológicos grandilocuentes. Él ya conoce los detalles de nuestro corazón. Él conoce la verdad sobre usted. Tratar de fingir con Dios no funciona. De hecho, cuando elige vivir así se hace daño a usted mismo. Limita su vida de oración, pues cuando en sus oraciones solamente se permite a usted mismo hablar sobre la vida con máscara, no hay mucho que decir. Tampoco hay mucho acceso a la ayuda. Dios quiere que usted y yo le digamos la verdad, que seamos sinceros con Él. El primer paso para amar a los demás sin hipocresía es amar a Dios sin hipocresía. Debemos quitar primero la máscara con Dios antes de poder quitarla con las personas.

Después de que Pablo nos recuerda amar sin hipocresía en Romanos 12:9, el versículo nos da dos parámetros del amor que leímos antes: *Aborreced lo malo, seguid lo bueno.* Estos límites nos muestran cómo demostrar un amor real. El amor auténtico no ignora lo malo ni tampoco ignora lo bueno. El amor auténtico (y la bondad) llama al mal por su nombre, pero también llama al bien por su nombre. El amor nunca niega la verdad. Esto debería ser cierto en su propia vida. Pasar por alto sus propios errores y pretender ser algo que no es, no es propio de la Iglesia. La comunidad de Cristo debe ofrecer un ambiente en el que cada uno de nosotros pueda ser amado sin tener que usar una máscara, donde no tengamos que actuar para ningún *reality show*. La familia cristiana debiera ser una en la que nos aceptamos mutuamente, y a nosotros mismos, tal como realmente somos. Cuando se hace eso, podemos mostrar amor y bondad en la cultura sin hipocresía.

> EL PRIMER PASO PARA AMAR A LOS DEMÁS SIN HIPOCRESÍA ES AMAR A DIOS SIN HIPOCRESÍA. DEBEMOS QUITAR PRIMERO LA MÁSCARA CON DIOS ANTES DE PODER QUITARLA CON LAS PERSONAS.

REFLEJAR A DIOS ANTE OTROS

En el libro de 1 Juan vemos cuán importante es que reflejemos el amor de Dios ante otros. No solo es importante para influenciar la atmósfera con el amor de Dios, sino que también es importante para nuestra propia relación con Dios. Mucho de lo que Dios decide hacer con usted, a usted o por usted depende de lo que usted hace con otros, para otros y por otros. Dios no quiere que lo camufle en su vida cotidiana; quiere que lo refleje con autenticidad ante quienes tiene a su alrededor. La única manera en la que usted puede reflejar totalmente a Dios es en amor y bondad, sobre la base de las definiciones bíblicas de esas palabras. Leemos más al respecto en 1 Juan 4:11-21 (NTV), que dice:

> Queridos amigos, ya que Dios nos amó tanto, sin duda nosotros también debemos amarnos unos a otros. Nadie jamás ha visto a Dios; pero si nos amamos unos a otros, Dios vive en nosotros y su amor llega a la máxima expresión en nosotros. Y Dios nos ha dado su Espíritu como prueba de que vivimos en él y él en nosotros. Además, hemos visto con nuestros propios ojos y ahora damos testimonio de que el Padre envió a su Hijo para que fuera el Salvador del mundo. Todos los que declaran que Jesús es el Hijo de Dios, Dios vive en ellos y ellos en Dios. Nosotros sabemos cuánto nos ama Dios y hemos puesto nuestra confianza en su amor. Dios es amor, y todos los que viven en amor viven en Dios y Dios vive en ellos; y al vivir en Dios, nuestro amor crece hasta hacerse perfecto. Por lo tanto, no tendremos temor en el día del juicio, sino que podremos estar ante Dios con confianza, porque vivimos como vivió Jesús en este mundo. En esa clase de amor no hay temor, porque el amor perfecto expulsa todo temor. Si tenemos miedo es por temor al castigo, y esto muestra que no hemos experimentado plenamente el perfecto amor de Dios. Nos amamos unos a otros,

porque él nos amó primero. Si alguien dice: «Amo a Dios»,
pero odia a otro creyente, esa persona es mentirosa pues, si
no amamos a quienes podemos ver, ¿cómo vamos a amar a
Dios, a quien no podemos ver? Y él nos ha dado el siguiente
mandato: los que aman a Dios deben amar también a sus
hermanos creyentes.

El modo en que usted y yo demostramos si amamos verdaderamente a Dios es en cómo amamos verdaderamente a los
demás. No es en cuántas veces asistimos a la iglesia, ni tampoco
en cuántas veces oramos cada día. Ni siquiera se muestra en
cuánto de la Biblia leemos o memorizamos. Nuestro amor por
Dios se revela a través de nuestro amor por los demás. Es tan
sencillo y tan difícil como eso. Como vimos antes en el pasaje de
Romanos 12, debemos estar "dedicados unos a otros". No solo
eso, sino que también debemos "dar preferencia unos a otros".
Debemos tratarnos mutuamente con "honor". Estas no son
frases que indiquen una relación casual. Reflejan un corazón de
compromiso y sacrificio personal. La reunión de seguidores de
Jesucristo nunca debe ser un lugar donde las personas simplemente se encuentran ocasionalmente. Debería ser una casa espiritual donde las personas estén comprometidas, dedicadas, y se
beneficien mutuamente con un corazón de humildad y servicio. Si no podemos hacer eso correctamente en la Iglesia, ¿cómo
podremos esperar difundir bondad en la cultura en general?

Es cierto que vivimos en un mundo muy egoísta. Estamos
lidiando con una mentalidad narcisista, del "yo primero", incluso
en el cristianismo. A menudo, las personas van a la Iglesia para
tachar una acción de su lista, para ser vistas y para recibir una
bendición; sin embargo, la Iglesia debería ser el lugar donde

usted invierte en otros, demostrando su amor por Dios a través de cómo ama y está comprometido con el bienestar de los demás.

Cuando mi hija mayor era adolescente, ella y yo tuvimos una discusión sobre algo que yo le pedí que hiciera. Chrystal simplemente no quería hacerlo. Después de mucha discusión, la conversación se estaba intensificando y no llegábamos a ningún acuerdo. Cuando quedó claro que yo no iba a ceder ni ella iba a ceder, Chrystal cruzó los brazos, frunció el ceño y se marchó. Fue entonces cuando le pregunté a dónde creía que iba. "Voy a mi cuarto", respondió ella.

Mi respuesta llegó rápidamente. "No, no vas a tu cuarto. Vas a *mi* cuarto que te dejo usar para dormir". Después de todo, ella nunca se había ofrecido a pagar ninguno de los servicios, la hipoteca o los muebles. El cuarto era técnicamente mío, sin embargo, como adolescente que era, ella comenzó a creer que tenía más derechos sobre el cuarto de los que realmente tenía. Este pensamiento no es muy distinto al de muchas personas que asisten a la Iglesia. Entran en la Iglesia pensando que es "su iglesia", pero en verdad es la Iglesia de Dios. Entran pensando que Dios se mostrará para ellos, pero Dios nos dice que vamos a la iglesia para presentarnos nosotros a Él. Un modo en que nos presentamos para Él es en cómo amamos y servimos a los demás. Dios deja claro a lo largo de su Palabra que nuestra relación vertical con Él incluye, de modo inseparable, nuestra relación horizontal con los demás.

Si Dios no puede hacer fluir nada de su bondad, su amor o sus bendiciones a través de usted hacia los demás, usted ha limitado su propia experiencia de la bondad de Dios, su amor y sus bendiciones. Usted decide cuánta bondad de Dios experimenta.

Es sorprendente cuántas personas quieren la Iglesia en caso de emergencia. Se cuenta la historia de un hombre que fue a la iglesia un día y dijo: "Pastor, necesito ayuda. No puedo pagar mi renta. Necesito algo de ayuda financiera". El pastor le preguntó a qué iglesia pertenecía. Cuando el hombre respondió que es parte de la "iglesia invisible", el pastor respondió: "Bueno, aquí tiene algo de dinero invisible". Ahora bien, por supuesto que no es una historia real, pero transmite el punto.

> UN MODO EN QUE NOS PRESENTAMOS PARA ÉL ES EN CÓMO AMAMOS Y SERVIMOS A LOS DEMÁS. DIOS DEJA CLARO A LO LARGO DE SU PALABRA QUE NUESTRA RELACIÓN VERTICAL CON ÉL INCLUYE, DE MODO INSEPARABLE, NUESTRA RELACIÓN HORIZONTAL CON LOS DEMÁS.

Como pastor durante cinco décadas, nunca me acostumbraré a ver cuántas personas consideran la Iglesia como un recurso para sí mismos, pero nunca considerarían invertir en ella o en sus miembros para ser un recurso para ellos. Por desgracia, muchos, sino la mayoría de los hijos de Dios, son como sanguijuelas que chupan su sangre y no le dejan nada valioso a cambio. La Iglesia y sus miembros deben hacer lo contrario, comprometiéndose los unos con los otros de manera que nos permita influenciar a otros para bien a través de actos de bondad que estén conectados a la verdad (véase 1 Juan 3:18). En lugar de enredarse en sus propios problemas y preocupaciones, busque maneras de ayudar a quienes lo necesitan. Cuando lo haga, también llamará la atención de Dios. Él se fija en cómo trata usted a los demás. La mejor manera de hacer que Dios actúe a favor de usted es que Él le vea actuando para beneficiar a otra persona.

LA MOTIVACIÓN DE SU CORAZÓN

Había dos hombres cierto día almorzando juntos, y ambos pidieron un filete de pescado. El camarero les sirvió el pescado minutos después, pero con dos filetes en el mismo plato. Uno de los filetes era enorme, y el otro era pequeño. El más rápido de los dos se adelantó y escogió para sí el filete grande y procedió a dar a su amigo el filete pequeño. Al hacerlo, su amigo se molestó, y dijo: "Espera un momento, ¿qué estás haciendo?".

El otro hombre respondió con su propia pregunta: "¿A qué te refieres con qué estoy haciendo?".

El hombre, irritado y frustrado, respondió: "Me estás dando el filete pequeño, ¡y tú te estás quedando con el grande!".

"Sí, tienes razón", respondió el hombre.

"Si yo hubiera sido tú —siguió hablando el hombre irritado— te habría dado el filete grande ¡y me habría quedado con el pequeño!".

El otro hombre sonrió. Miró a los platos, y después dijo: "Pues así es como ha quedado el reparto, así que deberías estar contento".

Demasiadas veces solamente queremos hacer actos de bondad si conseguimos algo a cambio. Aunque sea una palmadita en la espalda o un "me gusta" en alguna red social, queremos estar seguros de que controlamos la narrativa en torno a nuestra caridad. Al igual que el hombre con el pescado, solo estaba dispuesto a quedarse con el filete pequeño si hubiera ido acompañado del orgullo de tomar el trozo pequeño él mismo. Sin embargo, Dios nos llama a amar sin hipocresía. Tenemos que hacer actos de bondad simplemente porque son buenos. Al dedicarnos a las necesidades de otros, podemos terminar con el filete pequeño más a menudo de lo que nos gustaría. No siempre obtendremos notoriedad por quiénes somos y por lo que hacemos, pero conseguiremos la atención de Dios, y eso es lo que más importa. Él observa cuando vivimos una vida acentuada por una atmósfera de amor.

Dios no solo quiere que usted se dedique a los demás en servicio y amor, sino que también quiere que priorice este servicio. Él quiere que lo persiga y lo busque activamente. No solo nos llama a ser amables cuando alguien se nos adelanta en la fila o se interpone en la carretera. Nos pide ceder ante ellos antes de que lo hagan. Debemos buscar maneras de mostrar bondad y amor a quienes nos rodean. Vemos este llamado en el pasaje que leímos antes en Romanos 12. Como recordatorio, dice que debemos dedicarnos a los demás y mostrarles honor a la vez que: *En lo que requiere diligencia, no perezosos; fervientes en espíritu, sirviendo al Señor.* Ser *perezoso* significa "moverse lentamente". Es como el esposo cuya lista de quehaceres domésticos tarda unos años en completarse: lo hará cuando lo haga. Sin embargo, Dios no nos dice que mostremos bondad y amor cuando lleguemos a eso. Si ese fuera el caso, nunca llegaríamos. En cambio, Dios nos llama a ser fervientes en espíritu para servir a los demás, porque de esta manera estamos sirviendo al Señor. La palabra griega traducida como "ferviente" en el pasaje significa "estar hirviendo". Dios desea que aumentemos la intensidad de nuestro amor y nuestros actos de bondad. Quiere que vivamos apasionadamente para su reino. Debemos enfocarnos en las cosas que podemos aportar para hacer del servicio a Él nuestra prioridad más alta.

Cuando Dios le impulse en su espíritu a hacer algo, debe hacerlo de inmediato. No se quede atrás ni lo deje para más adelante. No deje para después lo que Él le está pidiendo que haga. Él puede estar obrando en la vida de la otra persona en ese mismo momento y necesitar a alguien del cuerpo de Cristo para intervenir y ministrar a esa persona. Mientras ministramos a otros, estamos sirviendo a Dios. Servimos a Dios sirviendo a los demás. Contribuir a las necesidades de los santos es una manera de practicar nuestro llamado de bondad del reino.

Sin embargo, Dios quiere que también miremos más allá de los muros de la iglesia. Por eso el pasaje en Romanos continúa diciendo que, además de contribuir a las necesidades de los santos, también debemos practicar la hospitalidad. El término *hospitalidad* se usa en la Escritura para referirse a ayudar a los desconocidos. Mientras que *santos* se refiere a quienes están en el cuerpo de Cristo, la hospitalidad que debemos llevar a cabo tiene que ver con aquellos a quienes no conocemos. Ya sea a través de ánimo, una palabra amable, un acto de bondad o un servicio útil, hay mucho que podemos hacer por las personas que no conocemos. Por ese motivo comenzamos a ofrecer tarjetas de "Actos de Bondad" en la iglesia donde yo soy pastor, y después las extendimos a nuestro ministerio nacional: Alternativa Urbana. Estas tarjetas se usan para compartir el evangelio cuando se realiza un acto de bondad. No están destinadas tanto para personas que conocemos, sino para personas que no conocemos. Cuando usted hace un acto de bondad aleatorio y pregunta si puede orar con esa persona, experimenta esta idea de practicar la hospitalidad. Está viviendo una hospitalidad del corazón.

Una de las verdades más intrigantes sobre los actos de hospitalidad del corazón se encuentra en Hebreos 13. En este pasaje aprendemos que cuidar de las necesidades de los desconocidos a veces significa que estamos cuidando de ángeles. Dice: *Permanezca el amor fraternal. No os olvidéis de la hospitalidad, porque por ella algunos, sin saberlo, hospedaron ángeles* (Hebreos 13:1-2). La palabra griega traducida como "ángeles" significa "mensajero". Tal mensajero es un ser con una tarea divina que podría estar llevando la respuesta de Dios hacia usted. A veces Dios utiliza seres espirituales para satisfacer nuestras necesidades, incluso cuando no sabemos que son ángeles.

> YA SEA A TRAVÉS DE ÁNIMO, UNA PALABRA AMABLE, UN ACTO DE BONDAD O UN SERVICIO ÚTIL, HAY MUCHO QUE PODEMOS HACER POR LAS PERSONAS QUE NO CONOCEMOS.

Por lo tanto, cuando usted practica la hospitalidad con desconocidos de manera responsable, es posible que esté interactuando con un ángel y ayudándolo. Dios ha establecido su reino para que funcione de manera causa–efecto. Al servir a Dios mediante el servicio a los demás, usted accede a las bendiciones de su reino. Demasiados creyentes están literalmente bloqueando la bendición de Dios en sus vidas porque solo se centran en sí mismos. Están obstaculizando el movimiento de Dios a favor suyo porque intentan moverse solamente en beneficio propio, sin buscar maneras de bendecir a otros. Debe haber un enfoque en los demás y sus necesidades si usted espera acudir a Dios en oración esperando que Él satisfaga sus necesidades.

Demasiados hijos de Dios son huérfanos espirituales. No tienen familia. Solo van de casa en casa sin un lugar donde plantarse y llamar hogar. Unirse a una iglesia y ser parte del cuerpo de Cristo no es simplemente tener un lugar donde sentarse los domingos. Es convertirse en parte de la construcción de una comunidad con otras personas que comparten el objetivo común de vivir una vida de servicio a los necesitados. No importa cuán grande sea un edificio o cuánto dinero se gaste en programas, una iglesia solo es tan saludable como su gente. Si el ambiente apesta a egoísmo, hipocresía y orgullo, es una iglesia solamente de nombre. Dios libera salud y bendición en las comunidades eclesiales que hacen un esfuerzo por servir a los demás en su nombre. Esas son las iglesias a través de las cuales Él puede expresar plenamente su corazón de amor por la humanidad, mientras los creyentes se estimulan mutuamente al amor y a las buenas obras (véase Hebreos 10:24). A medida que esto sucede, la Iglesia se convierte en un vehículo para el cambio en la atmósfera, difundiendo bondad y amor en una cultura necesitada de esperanza.

5

EL PRINCIPIO BÚMERAN

Todos estamos familiarizados con los búmeran. Un búmeran es un artefacto que se puede lanzar hacia adelante, pero a medida que avanza dando giros y más giros, hace una curva de tal modo que regresa al lugar de origen y podemos atraparlo en el aire. El búmeran es un juguete muy divertido para los niños y también para los adultos, pero también es una ilustración útil para entender la importancia de la bondad en la cultura. El principio búmeran, como yo lo llamo, podemos verlo en Mateo 7:12, donde dice:

Así que, todas las cosas que queráis que los hombres hagan con vosotros, así también haced vosotros con ellos; porque esto es la ley y los profetas.

Probablemente usted haya oído que este versículo se conoce como la "Regla de Oro". Lo citábamos muy a menudo cuando éramos jóvenes, diciendo "Haz con los demás lo que te gustaría que ellos te hicieran". Es una manera de enfocar la vida que nos ayuda a vivir con más justicia, bondad y conciencia. Sin embargo, usted debe saber cómo funciona realmente esta regla, porque si llega a entender el principio que la sustenta, revolucionará su experiencia con Dios.

Una de las cosas clave que Dios quiere tratar en nuestras vidas es el egoísmo. ¿Alguna vez ha observado que ningún padre tiene que enseñar a sus hijos a ser egoístas? Nunca inscriben a ningún niño pequeño en un "Curso básico sobre egoísmo". Salen del vientre creyendo que el mundo gira en torno a ellos. Y durante un tiempo es así. Todo gira en torno al sueño del bebé, su comida y los cambios de pañales. La razón por la que nadie tiene que enseñar egoísmo a los bebés es porque el egoísmo es natural para los humanos. ¡Todos cuidamos de las tres personas más importantes de nuestra vida: yo, yo y yo mismo!

Sin embargo, a medida que vamos madurando se supone que aprendemos a enfocarnos más en los demás, se supone que aprendemos a amar. Con un vistazo rápido a los atributos del amor podemos ver con facilidad que el amor es todo menos egoísta:

> *El amor es sufrido, es benigno; el amor no tiene envidia, el amor no es jactancioso, no se envanece; no hace nada indebido, no busca lo suyo, no se irrita, no guarda rencor; no se goza de la injusticia, mas se goza de la verdad. Todo lo sufre, todo lo cree, todo lo espera, todo lo soporta. El amor nunca deja de ser.* 1 Corintios 13:4-8

La razón por la que Dios quiere despojarnos de nuestro egoísmo a medida que crecemos y nos desarrollamos es que Dios *es* amor (véase 1 Juan 4:7-8). Dios personifica el verdadero amor. El amor tiene que ver con expresar interés por el bienestar de otros. Por lo tanto, como Dios busca nutrir este aspecto de nuestra humanidad llamado amor en nuestras almas ya de por sí egoístas, ha escogido tratarlo mediante esto que llamamos la Regla de Oro. Es importante observar que el versículo no dice que hagamos a otros lo que nos están haciendo a nosotros. Más bien, usted debe tratar a otros como *quiere* que ellos le traten. Comienza con usted.

Trate a las personas como quiera que ellas le traten a usted. Cualquier cosa que quiera que regrese a usted como un búmeran, asegúrese de enviar eso mismo en su trato a otros. En otras palabras, cosechará lo que siembre. Dios ha establecido que esto funcione así porque quiere que usted experimente un aspecto de Él que no podría experimentar sin el principio de la Regla de Oro. Él quiere que usted conozca su fidelidad y la verdad de su Palabra en términos prácticos.

El pasaje de Mateo comienza con una frase esclarecedora: "Así que, todas las cosas...". Es importante señalar esto, porque Dios quiere que sepamos que este principio del búmeran no solo se aplica a ciertas cosas. Este principio se aplica a todas las cosas. No hay nada en su vida que esté fuera de su ámbito. De hecho, en los versículos que lo preceden Dios nos deja saber que, cuando vivimos conforme a esta regla, podemos pedir lo que queramos y se nos dará. Leemos: *Pedid, y se os dará; buscad, y hallaréis; llamad, y se os abrirá. Porque todo aquel que pide, recibe; y el que busca, halla; y al que llama, se le abrirá* (Mateo 7:7-8).

Dios se toma en serio este principio. Ha integrado en él todo lo que necesitamos para vivir plenamente nuestras vidas según su propósito para su reino cuando nos adherimos a él. Él conoce nuestra humanidad y nuestra carne. Sabe que necesitamos alguna forma de motivación. Por eso, la Regla de Oro puede llamarse también el "Principio de vivir desprendidamente". Debe tratar a los demás como quiere ser tratado. Usted elige cómo quiere ser tratado; pero esa elección no se transmite a través de una demanda o un mandato. Esa elección está dictada por sus propias acciones.

El problema con muchas personas en la actualidad es que quieren todos los beneficios del cristianismo y de conocer a Cristo como su Señor y Salvador, pero quieren estos beneficios sin tener que hacer ninguna inversión. Complacer a Dios sirviéndolo no es su prioridad. Ayudar a otra persona a través de actos de bondad no es su prioridad. Su prioridad es ser bendecidos por el Creador. Sin embargo, Dios ha establecido que las bendiciones se dispensan según su principio del búmeran. Si quiere ser bendecido, necesitará ser una bendición. Es tan sencillo como eso. El búmeran solo regresa a usted cuando prioriza amar a Dios y amar a los demás en sus acciones.

> USTED ELIGE CÓMO QUIERE SER TRATADO; PERO ESA ELECCIÓN NO SE TRANSMITE A TRAVÉS DE UNA DEMANDA O UN MANDATO. ESA ELECCIÓN ESTÁ DICTADA POR SUS PROPIAS ACCIONES.

LAS REGLAS ANTES DE LA "REGLA DE ORO"

Si decide vivir una vida egoísta separado de Dios en la que sus decisiones y acciones solamente reflejan lo que usted quiere, no puede apelar a Mateo 7:7-8. Estos versículos están conectados con el principio que aparece en la Regla de Oro. La razón por la que sabemos esto es por las palabras *así que* al inicio del v. 12: *Así que, todas las cosas…* "Así que" significa "a la luz de lo que se acaba de decir". Todo lo anterior al v. 12 se refiere a este principio. Podemos retroceder incluso hasta el comienzo del capítulo, donde se nos dice que no juzguemos. Leemos en los vv. 1-5:

No juzguéis, para que no seáis juzgados. Porque con el juicio con que juzgáis, seréis juzgados, y con la medida con que medís, os será medido. ¿Y por qué miras la paja que está en el ojo de tu hermano, y no echas de ver la viga que está en tu propio ojo? ¿O cómo dirás a tu hermano: Déjame sacar la paja de tu ojo, y he aquí la viga en el ojo tuyo? ¡Hipócrita! saca primero la viga de tu propio ojo, y entonces verás bien para sacar la paja del ojo de tu hermano.

Juzgar también funciona bajo el principio del búmeran. Cuando usted o yo juzgamos a alguien, nos abrimos a invitar a otros (y a Dios) a que nos juzguen. El principio del búmeran puede actuar en una premisa positiva como negativa. Esta primera parte de Mateo 7 revela la negativa. Después, los vv. 7-11 revelan la positiva. Es el mismo principio: "lo que va, regresa", pero a veces se dice en tonos negativos y otras veces se expresa con base en cosas positivas y buenas. De la forma en que mida a otros se le medirá a usted. Una vez que realmente entiende este principio, cambiará todo en su vida.

Es interesante destacar que cuando el v. 3 habla sobre sacar la paja del ojo de su hermano mientras usted tiene una viga en el suyo, habla del mismo material: la madera. Una paja es una astilla. Una astilla es algo doloroso, y si está en el ojo puede impedir que la persona vea claramente. Por lo tanto, la astilla puede representar cualquier escenario negativo o doloroso que impida ver con claridad. Ahora bien, aunque tal vez usted quiera hacer algo para arreglar la dolorosa situación de su hermano diciéndole que tiene un problema con el que tiene que lidiar, Dios quiere recordarle que usted tiene una viga en su propio ojo. Tanto la astilla como la viga están hechas de madera. La diferencia es que una es mayor que la otra. El punto es que si está intentando arreglar el problema de alguien cuando usted mismo tiene un problema aún mayor en esa misma área, está juzgando y será juzgado.

La Biblia no enseña que no debemos juzgar. La Biblia tan solo hace la distinción de que no debemos juzgar cuando no estamos calificados para hacerlo. Cuando usted juzga a otra persona por un problema o pecado que usted mismo tiene, se ha vuelto hipócrita. Juzgar de esa manera es lo que regresará a usted. Solamente usted y Dios conocen todos sus asuntos y problemas. Si no quiere que le juzguen por las cosas con las que usted lucha personalmente, tenga cuidado de no juzgar a otros en esas mismas cosas, o de lo contrario se voltearán y le morderán a usted.

Si tiene una viga en su propio ojo, ve las cosas incluso con menos claridad que la persona que tiene una astilla. Usted está haciendo un juicio con base en sus emociones e impresiones en ese momento. Si no puede ver la verdadera situación, no podrá tener en cuenta todas las circunstancias implícitas en esa situación. Tenemos que recordar este principio, especialmente durante tiempos de división cultural que a menudo están relacionados con la política u otros discursos de la comunidad basados en valores. Gran parte de la fuerte crítica de nuestra cultura viene de esta área de juzgar a otros mientras tenemos vigas en nuestros propios ojos. En lugar de resolver cualquier asunto, simplemente hemos creado un efecto típico de una máquina de *pinball*, donde el juicio va en todas direcciones. Cuando usted tiene una viga en su propio ojo y juzga a alguien, usted será medido con la medida con que haya medido. Es un principio espiritual que no ha cambiado a lo largo de los tiempos y que sigue activo hoy día, como se evidencia en cualquier página de redes sociales llena de comentarios cargados de enojo y orgullo.

Sin embargo, hay también un lado positivo en el efecto búmeran que aparece cuando usted decide tratar a otros con bondad y amor. Lucas 6:38 nos da mayor claridad sobre este principio:

Dad, y se os dará; medida buena, apretada, remecida y rebosando darán en vuestro regazo; porque con la misma medida con que medís, os volverán a medir.

La mayoría de las veces, cuando la gente escucha este versículo lo relaciona con el dinero. Tal vez se debe a que los pastores lo han usado en relación con desarrollar proyectos o en un intento de aumentar las ofrendas en sus iglesias. Pero el versículo en verdad no dice nada sobre el dinero; solo dice: *Se os dará.* Usted es quien decide qué es lo que *se le dará.* Por ejemplo, si quiere amor, entonces dé amor. Si quiere esperanza, entonces dé esperanza. Si quiere paz, entonces dé paz. Si quiere dinero, entonces dé dinero. Si quiere gozo, entonces dé gozo. Si quiere trabajo, entonces dé trabajo. Siempre que quiera ver cómo el búmeran regresa a usted, dé eso a alguien que también lo pueda necesitar. De este modo, Dios puede hacer que deje de pensar solamente en usted mismo y amplíe su pensamiento para pensar también en otros. En nombre de Dios, dé eso que usted está deseando, y estará practicando el principio bíblico de la Regla de Oro; entonces verá cómo Dios puede levantar a otros para devolverle lo mismo a usted.

Cuando Dios creó el mundo, estableció este principio. En Génesis 1:11 leemos: *Después dijo Dios: Produzca la tierra hierba verde, hierba que dé semilla; árbol de fruto que dé fruto según su género, que su semilla esté en él, sobre la tierra. Y fue así.* Quizá no vea inmediatamente la correlación, pero la verá a medida que lo desglosamos. Lo que hizo Dios para replicar su creación fue establecer el orden natural donde todo se reproducía según su género. Está escrito en plural en el pasaje ("su género"), pero el principio es cierto. Por lo tanto, si usted plantó manzanas, salieron manzanas. Si plantó naranjas, salieron naranjos. Es más, esos naranjos no produjeron peras, produjeron naranjas. La única manera de empezar a desviarse de este principio de reproducción es cuando los científicos intentan modificar la vegetación. Sin embargo, en la creación de Dios, Él estableció que siempre que usted plante una semilla, el resultado de esa semilla será de su mismo género.

De modo similar, cualquier semilla que plante en sus pensamientos y acciones hacia los demás la recibirá de regreso con ese mismo género. *Dad, y se os dará.* Eso está claro, pero lo interesante viene después cuando leemos: *Darán en vuestro regazo.* La palabra *darán* quizá no se refiere necesariamente a la persona a quien usted dio. La palabra *darán* podría incluso referirse a personas que nunca ha conocido o no conoce, o incluso a situaciones que no le resultan familiares. Sin embargo, cuando usted da a alguien en nombre de Dios y por amor a Él, Dios tocará cualquier situación o personas que quiera para devolverle como un búmeran lo que usted dio de una forma que le bendecirá. Tal vez no sea idéntico a lo que usted dio, pero suplirá la necesidad similar o el deseo en usted.

PROSPERIDAD EN EL CONTEXTO DEL REINO

Ese es el problema con una de las teologías más erradas en la actualidad, conocida como "teología de la prosperidad". Dios no se opone a prosperarle a usted ni a nadie; de hecho, hay un pacto de prosperidad mencionado en Deuteronomio 29:9. Sin embargo, Dios se opone a que las personas intenten usarlo a Él o partes de sus principios para mejorar sus vidas sin amarlo y buscar ayudar a otros. Dios no es un genio cósmico que está aquí para dispensar prosperidad a cualquiera que lo pida. Él ha establecido su reino para que funcione de tal manera que aquellos que le sirven al servir a otros, recibirán de vuelta de la misma manera lo que ellos dieron. Dios quiere disminuir el egoísmo, no alimentarlo; por lo tanto, aunque quiere ayudar a los necesitados, quiere hacerlo de una manera que permita que seamos instrumentos para que su ayuda fluya a hacia otros. Por eso exige que haya una salida para dar a los demás. Leemos lo siguiente en Hechos 20:35: *En todo os he enseñado que, trabajando así, se debe ayudar a los necesitados, y recordar las palabras del Señor Jesús, que dijo: Más bienaventurado es dar que recibir.*

La razón por la que es más bienaventurado dar que recibir es porque cuando usted da, también obtiene la atención de Dios.

Ha dejado de lado su propio egoísmo y codicia enfocándose, en cambio, en Dios y en su bondad hacia usted. Esto se demuestra entonces en cómo trata usted a los demás. Cuando Dios sabe que puede usarlo para bendecir a otros, extenderá el flujo de su provisión hacia usted a un nivel mayor que antes.

Muchas personas luchan en su vida de oración porque le piden a Dios que haga cosas que ellas mismas no están dispuestas a hacer. Le piden a Dios que les dé lo que no están dispuestos a dar a otros a un nivel que sí podrían hacerlo. Como pastor, con frecuencia las personas me preguntan por qué Dios no escucha sus oraciones. A menudo se reduce a esta área de los "mandamientos principales". En primer lugar, ¿están amando a Dios con todo su corazón? Y, en segundo lugar, ¿están dispuestos a tocar las vidas de otras personas de una manera que los bendiga? Si la respuesta a alguna de esas preguntas es negativa, entonces no es extraño que sus oraciones no lleguen a ninguna parte. Cuando no entendemos los principios de Dios y cómo actúan, eso hace que otros aspectos de su reino, como la oración y la fe, sean más difíciles de entender. Todos ellos trabajan en conjunto. Muchas personas afirman que el cristianismo simplemente no funciona para ellas; sin embargo, en realidad han descuidado vivirlo según la Escritura y la voluntad de Dios revelada.

CUANDO DIOS SABE QUE PUEDE USARLO PARA BENDECIR A OTROS, EXTENDERÁ EL FLUJO DE SU PROVISIÓN HACIA USTED A UN NIVEL MAYOR QUE ANTES.

Dios quiere erradicar nuestro egoísmo, que va en contra de su naturaleza de amor, por lo que ha establecido principios espirituales para que aprendamos a mirar más allá de mí, de mí mismo y de mí. Instituyó su principio del búmeran llamado la Regla de Oro, y bajo este principio lo que hacemos regresa a nosotros. Por lo tanto, donde hay una necesidad, sembremos una semilla. Vemos esto en 1 Reyes 17:8-16 cuando la viuda de Sarepta tiene hambre y literalmente está a punto de comer su última comida. Esta historia ilustra el principio de la Regla de Oro de manera clara y vívida. Permítame leerla en su totalidad:

Vino luego a él palabra de Jehová, diciendo: Levántate, vete a Sarepta de Sidón, y mora allí; he aquí yo he dado orden allí a una mujer viuda que te sustente. Entonces él se levantó y se fue a Sarepta. Y cuando llegó a la puerta de la ciudad, he aquí una mujer viuda que estaba allí recogiendo leña; y él la llamó, y le dijo: Te ruego que me traigas un poco de agua en un vaso, para que beba. Y yendo ella para traérsela, él la volvió a llamar, y le dijo: Te ruego que me traigas también un bocado de pan en tu mano. Y ella respondió: Vive Jehová tu Dios, que no tengo pan cocido; solamente un puñado de harina tengo en la tinaja, y un poco de aceite en una vasija; y ahora recogía dos leños, para entrar y prepararlo para mí y para mi hijo, para que lo comamos, y nos dejemos morir. Elías le dijo: No tengas temor; ve, haz como has dicho; pero hazme a mí primero de ello una pequeña torta cocida debajo de la ceniza, y tráemela; y después harás para ti y para tu hijo. Porque Jehová Dios de Israel ha dicho así: La harina de la tinaja no escaseará, ni el aceite de la vasija disminuirá, hasta el día en que Jehová haga llover

*sobre la faz de la tierra. Entonces ella fue e hizo como le dijo
Elías; y comió él, y ella, y su casa, muchos días. Y la harina
de la tinaja no escaseó, ni el aceite de la vasija menguó, conforme a la palabra que Jehová había dicho por Elías.*

La viuda estaba a punto de comer su última comida, su
última porción de harina; sin embargo, el profeta le pidió pan.
Le pidió precisamente lo que ella más necesitaba. Esa petición
puso a prueba su fe. Ella tuvo que decidir si verdaderamente
creía que Dios era digno de confianza. Si lo creía, entonces daría
al profeta de lo poco que le quedaba. Después de todo, él le había
explicado que, si lo hacía, su comida no se agotaría. Sería recom-
pensada *de la misma manera* por lo que sacrificara. Debido a su
necesidad, Dios le pidió que sembrara una semilla, pero la semilla tenía que estar en su área de gran necesidad. Como resultado, ella no se quedó sin comida. Su bondad para con el profeta
regresó a ella, y lo que recibió fue una cantidad mayor que lo que
sacrificó.

Lo mismo puede ser cierto para usted. Si toma un momento
para considerar su mayor necesidad, podría estar relacionada
con el trabajo, una relación, finanzas, sus emociones o muchas
otras cosas. Sea lo que sea, busque maneras de ser bueno con
otros que tengan una necesidad similar. Busque maneras de
dar esperanza si eso es lo que más necesita. Busque maneras
de ofrecerse voluntario para ayudar a un negocio o una iglesia
si es trabajo lo que necesita. El pasaje de Mateo 7:7 que vimos
anteriormente, que dice: *Pedid, y se os dará; buscad, y hallaréis;
llamad, y se os abrirá* está escrito como un imperativo presente.
Un imperativo es un mandamiento. Dios le está diciendo, le está
ordenando, que siga pidiendo, buscando y llamando, porque

obtendrá lo que pida cuando lo vincule con su Regla de Oro. Esto no es una sugerencia. Es un mandamiento. Debemos dar a los demás, y "eso" nos será devuelto.

REVISE SUS MOTIVACIONES

Una de las condenaciones en la Escritura relacionada con los motivos incorrectos se encuentra en Santiago 4:3, que dice: *Pedís, y no recibís, porque pedís mal, para gastar en vuestros deleites.* Conecte lo que usted esté pidiendo con dar lo mismo en bendición a otros, y lo recibirá de vuelta de igual modo. Si está vinculado únicamente a sus placeres egoístas, entonces eso no encaja bajo el principio espiritual de causa y efecto de la Regla de Oro. La Regla de Oro ataca al egoísmo en su núcleo.

Muchas personas creen que difundir bondad en la cultura simplemente significa marcar una lista de buenas acciones hechas para Dios. En realidad, la bondad en la cultura libera el poder de Dios para actuar en su propio beneficio. Implica acceder a la autoridad del reino para lo que necesita. Es espiritualmente cíclico cuando se lleva a cabo con autenticidad.

Cuando usted da a otros y los bendice en el nombre de Dios, capta su atención. Además, se abre a ser bendecido y recibir provisión en su área de mayor necesidad. Este es un secreto para vivir la vida espiritual exitosa: cuando acuda a Dios por algo que desea o necesita, hágale saber cómo beneficiará a otros más allá de usted. Dígale a Dios desde el principio cómo bendecirle a usted producirá bien a otros y gloria a Él. Cuando Dios ve que su corazón está mirando más allá de usted mismo, permitirá que el flujo de su buena provisión se dirija hacia usted y pase a través de usted. Entonces, mientras espera que Él provea, siga adelante y bendiga a otros con actos de bondad de cualquier manera que pueda. Puede que aún no haya recibido lo que necesita, pero puede hacer pequeñas cosas con lo que tiene. Dios quiere verle actuar con fe, como lo hizo la viuda en Sarepta, incluso si es con un pequeño pedazo de pan.

Vivir a la luz de este principio espiritual le permitirá experimentar más allá de que sus oraciones sean respondidas. Podrá ver la provisión de Dios de maneras que solo había imaginado antes. Experimentará eso porque ahora vive en consonancia con los mandamientos principales de Dios. Primera de Juan 3:22 nos permite ver la correlación directa entre las oraciones respondidas y la obediencia a Dios: *Y cualquiera cosa que pidiéremos la recibiremos de él, porque guardamos sus mandamientos, y hacemos las cosas que son agradables delante de él.* Dios responde las oraciones de aquellos que le son obedientes, especialmente en relación con sus dos mandamientos principales.

A medida que avance en este libro y aprenda lo que significa mostrar bondad a otros, tenga en cuenta que la bondad que muestre no carece de beneficios para usted mismo. En verdad, cuanta más bondad muestre a otros, más recibirá. Cuanto mayor sea la bendición que usted es para otros, mayor será la bendición que recibirá a cambio. Deje que este principio espiritual dé forma a su perspectiva sobre por qué es crucial vivir una vida marcada por el amor y la bondad. Cuando lo haga de maneras que provoquen la expansión de la gloria de Dios y el avance de su agenda del reino en la tierra, verá que el cielo se abre y el favor de Dios desciende sobre usted de maneras que sorprenderán a su mente natural.

6

EL MINISTERIO DE LA MILLA EXTRA

No hace mucho tiempo atrás volé a Atlanta para pasar un día con Dan Cathy, uno de los hijos del fundador de Chick-fil-A, S. Truett Cathy. Pasamos juntos un día estupendo, y me gustó ver lo que se hace detrás de la cortina en el ministerio y el trabajo de la familia Cathy. Recientemente han invertido en el desarrollo de una ciudad de producción cinematográfica a gran escala donde las personas pueden vivir, comprar y crear películas. Muchas de las películas de Marvel se filmaron allá. Lo que más me impresionó al observar todo lo que Dios los había guiado a hacer fue la calidad que se reflejaba por todas partes. Ya sea en sus restaurantes, sus oficinas o sus estudios, es evidente un compromiso con la excelencia y la calidad.

Cuando uno visita las oficinas centrales de Chick-fil-A, llega a ver su declaración de propósito o de visión en la parte frontal de su edificio. Dice: "Glorificar a Dios siendo mayordomos fieles de todo lo que se nos ha confiado. Tener una influencia positiva en todo aquel que entra en contacto con Chick-fil-A".

La empresa es abiertamente cristiana. Operan sobre la base de principios cristianos como cerrar los domingos, que es el día para asistir a la iglesia de la mayoría de los cristianos. Y tienen una de las franquicias más grandes y exitosas de comida rápida de los Estados Unidos en la actualidad.

La declaración de misión del restaurante ayuda a explicar por qué. Dice: "Ser el mejor restaurante de comida rápida de América a la hora de ganar y mantener clientes".[1]

Sus cuatro valores centrales descritos abajo enfatizan este objetivo y equipan a sus empleados para lograrlo.

Estamos aquí para servir.

Somos mejores trabajando juntos.

Nos mueve el propósito.

Buscamos lo que sigue.[2]

El texto completo del primero de los cuatro valores dice: "**Estamos aquí para servir.** Ponemos las necesidades de los operadores, los miembros de sus equipos y los clientes como el centro de nuestro trabajo, haciendo lo que es mejor para el negocio y lo mejor para ellos". En otras palabras, decidieron desarrollar una empresa fuerte sirviendo bien a todos los demás mediante el trabajo en equipo, una buena administración y la innovación.

Chick-fil-A entiende que la clave para la expansión de una empresa no es solamente tener un gran producto, sino adjuntar a ese producto un gran servicio. El valor de su servicio debe ser igual o mayor que el valor del producto mismo, o no sostendrá una base de clientes leales. Nada le hará querer irse más rápido de un restaurante que ofrece una buena comida que un mal camarero o una mala camarera. Ellos pueden dar mala fama a un restaurante por su mal servicio.

UN ESTÁNDAR MÁS ALTO PARA EL PUEBLO DE DIOS

De modo similar, nada es capaz de mancillar más rápido la reputación de los cristianos, de una iglesia, un ministerio o incluso del cristianismo en general que un mal servicio por parte de los que pertenecen a Cristo. Y con servicio me refiero a actos de amor y bondad. Servir es reflejar el corazón de Dios. Dios nos ha llamado a todos a ministrar, ya sea que trabajemos en el mundo secular o no. Él nos ha llamado a lo que se conoce como el "ministerio de la milla extra". Leemos acerca de esto en Mateo 5:38-47, que dice:

Oísteis que fue dicho: Ojo por ojo, y diente por diente. Pero yo os digo: No resistáis al que es malo; antes, a cualquiera que te hiera en la mejilla derecha, vuélvele también la otra; y al que quiera ponerte a pleito y quitarte la túnica, déjale también la capa; y a cualquiera que te obligue a llevar carga por una milla, ve con él dos. Al que te pida, dale; y al que quiera tomar de ti prestado, no se lo rehúses. Oísteis que fue dicho: Amarás a tu prójimo, y aborrecerás a tu enemigo. Pero yo os digo: Amad a vuestros enemigos, bendecid a los que os maldicen, haced bien a los que os aborrecen, y orad por los que os ultrajan y os persiguen; para que seáis hijos de vuestro Padre que está en los cielos, que hace salir su sol sobre malos y buenos, y que hace llover sobre justos e injustos. Porque si amáis a los que os aman, ¿qué recompensa tendréis? ¿No hacen también lo mismo los publicanos? Y si saludáis a vuestros hermanos solamente, ¿qué hacéis de más? ¿No hacen también así los gentiles?

Cuando predico sermones sobre este tema, la congregación que normalmente suele ser activa y responde, se suele quedar callada. Es fácil entender por qué. Estos versículos y principios espirituales van en contra de nuestro deseo natural de ser personalmente satisfechos y de que nos traten bien. Estos versículos no los veremos circular frecuentemente en las redes sociales. Cuando Jesús habló sobre la cultura del reino en Mateo 5–7 había mucho en su mensaje que va en contra de nuestras propensiones y deseos egoístas. Uno de los puntos principales de énfasis es que las personas del reino tienen que pensar y vivir de forma distinta a la cultura en la que viven.

Por eso es tan importante una relación con Dios que sea duradera. Para conseguir la auténtica vida del reino, tiene que profundizar mucho en su interior y encontrar la fuerza divinamente otorgada que Dios le da mediante el poder del Espíritu Santo. En un mundo como el nuestro, que se parece a una selva, amar a nuestros enemigos y servir a otros antes que a nosotros mismos no es algo natural para nadie. Estas acciones se derivan de una mentalidad completamente distinta a la actitud normativa de nuestra cultura, o incluso de nuestro mundo.

En nuestro mundo si alguien le eleva la voz, la respuesta suele ser que usted también eleva su voz. Si alguien se mete con usted, después usted se mete con dicha persona. Es la mentalidad del "ojo por ojo" que afirma que la justicia está en mis propias manos para poder devolver cualquier mal que me hayan hecho a mí o a cualquier persona que yo ame; sin embargo, la cultura del reino es distinta. Para vivir en la cultura del reino es necesario ver más allá de lo que uno quiere o necesita, o incluso de lo que parece justo. Los seguidores de Jesús que intentan crear una cultura del reino a su alrededor, adoptan esta mentalidad de ir la milla extra en todo lo que hacen.

Jesús nos ha escogido y llamado a cada uno de nosotros a un estándar más alto de vida, no simplemente a seguir la corriente del mundo. Él dejó claro que el rasgo distintivo de su vida es el servicio; Él lo modeló dondequiera que fue, incluso hasta el punto de morir en una cruz. Como seguidores de Jesús, somos llamados a vivir y amar como Él. Leemos esto en las propias palabras de Jesús, dichas a sus discípulos poco después de dejarlos. En Juan 13:33-35 dijo lo siguiente:

Hijitos, aún estaré con vosotros un poco. Me buscaréis; pero como dije a los judíos, así os digo ahora a vosotros: A donde yo voy, vosotros no podéis ir. Un mandamiento nuevo os doy: Que os améis unos a otros; como yo os he amado, que también os améis unos a otros. En esto conocerán todos que sois mis discípulos, si tuviereis amor los unos con los otros.

ADORACIÓN A TRAVÉS DEL SERVICIO

Jesús dijo que el modo en que el mundo reconocería a sus verdaderos seguidores sería por cómo nos amemos y nos sirvamos unos a otros. En Mateo capítulo 23 leemos sus palabras:

Y no llaméis padre vuestro a nadie en la tierra; porque uno es vuestro Padre, el que está en los cielos. Ni seáis llamados

*maestros; porque uno es vuestro Maestro, el Cristo. El que es
el mayor de vosotros, sea vuestro siervo. Porque el que se enaltece será humillado, y el que se humilla será enaltecido.*

Mateo 23:9-12

En la cultura del reino la grandeza no se produce a través de
títulos, posiciones, ni siquiera por posesiones. Llega a través del
servicio. Si usted no es un buen siervo, no es una gran persona.
Muchos de nosotros hemos conocido a personas exitosas con las
que nunca querríamos pasar tiempo porque son personas difíciles. Son personas arrogantes y orgullosas, que solo piensan en
seguir construyendo su propia marca o estilo de vida. Pero el
éxito espiritual no se mide por cosas materiales o los elogios; se
mide por el ministerio del servicio.

Como pastor, con frecuencia tengo la oportunidad de observar cómo la mayoría de las personas acuden a adorar *egoísta-
mente*, no a *servir* en la adoración. Llegan a la iglesia pregun-
tándose qué van a obtener de ella y cómo se beneficiarán, o al
menos cómo se entretendrán. Sin embargo, Jesús hizo hincapié
en que si pasamos por alto el principio del servicio en nuestra
vida, habremos pasado por alto uno de los propósitos y llama-
mientos principales de la salvación.

Jesús abrazó completamente este concepto del servicio y lo
demostró consistentemente. Una de las ocasiones más memora-
bles fue en el aposento alto, cuando se reunió con sus discípulos
por última vez antes de ser crucificado. Mientras sus discípulos
estaban sentados alrededor de la mesa, Jesús tomó una toalla
y se la ciñó. También agarró una vasija, tal como lo haría un
siervo en su época. Y, aunque Jesús es el Rey de reyes y Señor de
señores, modeló el servicio a sus discípulos lavándoles los pies.

Mientras lavaba la suciedad y el polvo de sus pies, les dijo que fueran e hicieran lo mismo. Mientras limpiaba la mugre de este mundo de ellos, les rogó que hicieran lo mismo por otros.

Alguna vez se ha detenido a pensar lo sucio que estaría el recipiente de agua después de que Jesús lavara los pies de todos los discípulos? Debió quedar oscuro y sucio. En esos tiempos las personas caminaban por las mismas calles por las que iban los animales, y sus excrementos se convertían en parte del camino. La gente introducía con ellos en las casas todo tipo de suciedad. Por eso era una práctica común no solo quitarle el calzado a una persona, sino también lavarle los pies. Esto ayudaba a mantener limpias las habitaciones interiores. A medida que Jesús enjuagaba la toalla en el agua cada vez más sucia y volvía a sacarla, sus propias manos se exponían a la suciedad una y otra vez. Con este acto, Jesús demostró el verdadero corazón de un siervo.

IR MÁS ALLÁ

Si hay ausencia del espíritu de servicio en un cristiano o en una iglesia, hay ausencia de ministerio. No importa cuán grandiosos sean los sermones, cuán magnífico sea el canto o cuán hermosas sean las instalaciones, si las personas reunidas cualquier domingo no son siervos en la cultura en general, entonces han errado el blanco del cristianismo. Jesús nos llama a vivir como siervos no solo para aquellos que son familiares o amigos, sino también para nuestros enemigos. En el pasaje que leímos al inicio de este capítulo, vemos que nos llama a servir a aquellos a quienes no queremos servir. Como leemos: *Y a cualquiera que te obligue a llevar carga por una milla, ve con él dos.* Lo que eso significa en la vida cotidiana es ir más allá de lo requerido. Hacer más de lo que le piden demuestra un espíritu de servicio. Le hace saber a la persona que no está cumpliendo simplemente con una obligación de la lista, sino que le importa marcar un impacto y una diferencia donde sea posible.

Tenga en cuenta que el pasaje indica situaciones que no son particularmente agradables. Si alguien le "obliga" a ir una milla, eso no es una situación divertida. Esto no se refiere a momentos en los que está pasando el rato con sus amigos. Ser obligado a ir la primera milla indica una renuncia a ayudar por parte de usted.

> JESÚS NOS LLAMA A VIVIR COMO SIERVOS NO SOLO PARA AQUELLOS QUE SON FAMILIARES O AMIGOS, SINO TAMBIÉN PARA NUESTROS ENEMIGOS.

Un poco de contexto nos ayudará a entender mejor la declaración de Jesús. En los tiempos del Nuevo Testamento, Roma era la gran potencia. Los romanos estaban a cargo y a menudo capturaban personas y las ponían bajo el dominio romano. Eso significa que tenían que hacer lo que los romanos quisieran.

Con frecuencia eso implicaba cargar cosas para los soldados romanos. Si un soldado romano no quería llevar su carga de bienes, fácilmente podía agarrar a un ciudadano, o a alguien que ahora estaba bajo el dominio romano, y obligarlo a llevarla en su lugar. El soldado romano tenía una espada. Llevaba un uniforme. Tenía el poder. Cuando le decía a alguien que cargara sus bienes una milla, esa persona no tenía otra opción sino acatar. Él estaba a cargo y fácilmente podía obligarlo a ir una milla con él en cualquier día.

Sin embargo, la ley limitaba al soldado romano a hacer esto solo hasta una milla para evitar que los soldados sobrecargaran a los ciudadanos. Pero Jesús, al hablar de esta cultura del reino, estaba diciendo que si un soldado romano les obligaba a ir la milla completa cargando sus bienes, deberían seguir y darle otra milla por si acaso. Ir con él dos. El servicio debería ser un rasgo dominante del pueblo del reino de Dios, de modo que cuando nuestras libertades sean infringidas o se nos imponga hacer algo, debemos ir más allá de los requisitos. El espíritu del ministerio de la segunda milla significa que damos voluntariamente más de lo que nos exigen, nos requieren o nos piden.

Lo que Jesús está estableciendo en el Sermón del Monte es una mentalidad. Es una perspectiva del reino: una cosmovisión. Deja claro que en el contexto del territorio enemigo o la oposición, debemos servir. De hecho, continúa diciendo que es fácil amar a quienes nos aman. Les recuerda a sus oyentes que incluso los recaudadores de impuestos hacen eso. Incluso los pecadores y el mundo secular hacen eso. Sin embargo, alguien que lo sigue a Él debe amar incluso a sus enemigos. Debemos servir incluso a aquellos que se nos oponen o quieren hacernos daño.

Ahora bien, entiendo que ser cristiano sería fácil si no fuera por otras personas. Sería fácil amar a los demás si no hubiera otros a quienes amar y servir. He escuchado comentarios similares de aquellos que están en un matrimonio complicado. Me dicen en sesiones de consejería que el matrimonio no sería tan difícil si no fuera por su cónyuge y las actitudes o hábitos de su cónyuge; sin embargo, de eso se trata. Jesús nos dice que debemos servir a los más difíciles, amar a los más difíciles de amar, y dar más allá de lo que se nos pide a aquellos que ya nos están exigiendo cosas. Eso es lo que significa ir más allá del deber.

Difundir bondad en la cultura no significa solamente hacer cosas agradables para las personas que están detrás de usted haciendo fila en la caja. Eso es fácil. Nunca conocerá a esas personas ni conversará con ellas. ¡Nunca le ofenderán ni sabrá por quién votan! Difundir bondad significa ir más allá del deber de bondad y amor hacia aquellos que menos le gustan. Si alguien le ofende, todavía mejor. Haga para ellos todavía más bondades. Eso cumplirá el llamado de Jesús en su vida. Eso será vivir lo que realmente significa ser un discípulo de Cristo.

LÍMITES SALUDABLES

Ahora bien, debemos observar que Jesús no dijo que vayamos tres millas o incluso cuatro. Él no nos marca una esclavitud para toda la vida. Debemos tener límites saludables para que no se aprovechen continuamente de nosotros. Jesús nos llamó a ir la milla extra, lo cual significa que, si hay un acto de bondad que podemos hacer por alguien, incluso por alguien que no nos cae bien, debemos asegurarnos de hacerlo y después añadir un extra. Por ejemplo, cuando Jesús dice que pongamos la otra mejilla, Él sabe que tenemos solamente dos mejillas. No la ponemos continuamente para que nos abofeteen una y otra vez. Esto no es una invitación a convertirnos en una víctima de abuso; sin embargo, Jesús está definiendo una mentalidad de servicio en el reino. No haga solo lo que tiene que hacer cuando se lo pidan. Haga más.

Si todos viviéramos con la mentalidad de la segunda milla y buscáramos ofrecer más de lo que se nos exige, la atmósfera se elevaría con este amor. Podemos tener una influencia positiva en nuestra sociedad, pero eso no se logra simplemente señalando lo que todos los demás hacen mal. Se logra modelando lo que sería hacer lo correcto, como lo hizo Jesús.

Estoy seguro de que su hogar o su apartamento es como el mío, lleno de electrodomésticos. Esos electrodomésticos han sido diseñados con la intención de servirnos. Sin importar cuál sea el electrodoméstico, no está ahí para beneficiarse a sí mismo. Existe para cocinar para usted, calentar algo para usted, abrir una lata, mantener las cosas frías o hacer cualquier otra cosa. Su electrodoméstico es su sirviente, disponible para servirle en todo lo que usted desee. Ahora bien, hay límites en el servicio de sus electrodomésticos, porque usted no va a su refrigerador para calentar la carne ni utiliza su exprimidor para hacer una taza de té. En otras palabras, sus electrodomésticos sirven dentro del alcance de su capacidad.

Sin embargo, el problema de muchos cristianos en la actualidad es que ni siquiera estamos haciendo lo que fuimos diseñados para hacer. Hemos colocado nuestras limitaciones, o límites, muy dentro del alcance de nuestro propósito, limitando y restringiendo nuestra utilidad en el reino de Dios. Con la mentalidad del "yo primero" que tiene la sociedad, hemos reducido todo el servicio a lo que alguien más puede hacer por nosotros; sin embargo, cuando Dios nos creó, nos diseñó con la intención de que sirviéramos a otros. Usted ha recibido dones, talentos e intereses específicos que le predisponen a servir a otros en esas áreas. Si no está seguro de cuáles son, pase tiempo orando y pidiéndole al Espíritu Santo que se los revele. Dios le ha dotado de tal modo, que debe beneficiar a la cultura que le rodea con su bondad mediante actos de bondad y amor que estén en línea con cómo le hizo Dios a usted. El espíritu de las personas que actúan en una cultura del reino se manifiesta en cómo sirven. ¿Hacen solo lo suficiente para salir adelante, o van la milla extra?

> **DIOS LE HA DOTADO DE TAL MODO, QUE DEBE BENEFICIAR A LA CULTURA QUE LE RODEA CON SU BONDAD MEDIANTE ACTOS DE BONDAD Y AMOR QUE ESTÉN EN LÍNEA CON CÓMO LE HIZO DIOS A USTED.**

Pablo hace hincapié en la importancia de este espíritu en Romanos 12:17-18, donde leemos: *No paguéis a nadie mal por mal; procurad lo bueno delante de todos los hombres. Si es posible, en cuanto dependa de vosotros, estad en paz con todos los hombres.* Usted no puede controlar lo que otras personas hacen o dicen, pero lo que sí puede controlar es su respuesta hacia eso. Pablo nos insta en este pasaje a vivir con un corazón de bondad y amor. Cuando lo hacemos, no devolveremos mal por mal. Respetaremos lo que es correcto ante los ojos de todos. Y en la medida de lo posible, viviremos en paz con todas las personas. Hay suficientes cristianos hoy en día para influir dramáticamente en nuestra cultura si elegimos vivir según los principios bíblicos de bondad. Cualquier temporada en la que haya elecciones que hacer, no tiene que ser una influencia dominante en nuestras vidas, mentes, conversaciones o interacciones con los demás. No tenemos que rebajarnos al nivel de la sociedad, sino que podemos elevarnos por encima de ella.

CÓMO TRATAMOS A NUESTROS ENEMIGOS

Recientemente lancé una serie dramática sobre la vida de David a través de una aplicación popular en el internet, y al repasar su vida y estudiar cuál era su conducta, una de las cosas que más me llamó la atención fue que David trató a Saúl con bondad. Una y otra vez, David tuvo la oportunidad de derrocar del poder a su enemigo por la fuerza; sin embargo, David nunca devolvió el mal de Saúl con otro mal. Incluso cuando tuvo la oportunidad de matar a Saúl, David eligió vivir según los principios de Dios. Dijo que no tocaría al ungido de Dios (véase 1 Samuel 26:1-12).

Eso no significa que David se quedara cerca para ser herido por Saúl. Huyó cuando tuvo que hacerlo, pero tampoco se encargó él mismo de la situación de manera ilegítima. Dejó espacio para la ira de Dios. Al final, Saúl se suicidó, lo cual abrió la puerta para que David fuera rey. Pablo nos dice que siempre dejemos espacio para que Dios actúe, y lo hacemos eligiendo la bondad. Leemos en Romanos 12:19-21:

> No os venguéis vosotros mismos, amados míos, sino dejad lugar a la ira de Dios; porque escrito está: Mía es la venganza, yo pagaré, dice el Señor. Así que, si tu enemigo tuviere hambre, dale de comer; si tuviere sed, dale de beber; pues haciendo esto, ascuas de fuego amontonarás sobre su cabeza. No seas vencido de lo malo, sino vence con el bien el mal.

Si usted nunca ha visto a Dios intervenir a su favor, tal vez quiera verificar su propio medidor de bondad. ¿Cuán amable y bondadoso es usted con aquellos que le ofenden o se le oponen? Dios generalmente no interviene para desatar su ira sobre aquellos que le tratan a usted injustamente. Se nos dice que debemos "dejar lugar" para que Dios trate con nuestros enemigos. Deje lugar eligiendo la bondad y yendo más allá cuando alguien le obligue a hacer algo.

También vemos esto en la vida de José. Fue tratado injustamente por sus hermanos, arrojado a la esclavitud y después acusado falsamente de violación. José terminó en la cárcel debido al maltrato de otros hacia él. Sin embargo, cuando sus hermanos acudieron a él años después porque tenían una gran necesidad de comida, José les hizo saber que los perdonaba, que lo que ellos habían planeado para mal en su vida, Dios lo había convertido en bien (véase Génesis 50:20). Dios había utilizado su desastre para elevar a José en el mundo y salvar las vidas de muchos, incluyendo las de sus hermanos.

Si comprende este concepto, transformará su vida. Simplemente eligiendo la bondad y el amor cuando otros le maltratan, deja espacio para que Dios le bendiga y use la situación para bien. Sin embargo, si toma represalias mediante sus propias palabras, malas actitudes o mala conducta, Dios le permite hacer precisamente eso: tomar represalias, y solo eso. Él no rectifica la situación porque, en su orgullo, usted pensó que podía manejarlo por su cuenta. Confiar en los principios de amor y bondad de Dios aumenta su capacidad para resolver las cosas para bien en su vida (véase Romanos 8:28). Dios no promete que todas las cosas obrarán para bien incondicionalmente, promete hacerlo solo cuando lo amamos a Él al amar a los demás y vivir de acuerdo con el llamado que ha puesto en nuestra vida. Uno de los componentes principales de este llamado, por supuesto, está en nuestra disposición a caminar la segunda milla en lo que pensamos, decimos y hacemos en nombre de Dios por aquellos que nos rodean.

Le insto a que lo intente. Ponga a prueba a Dios en esta verdad. A medida que lo haga, llegará a experimentarlo a Él de una manera completamente nueva al verlo actuar por usted como solamente Él puede hacerlo.

7

BONDAD CON LOS MÁS PEQUEÑOS

Como mencioné anteriormente, el verano en Texas significa calor, calor y más calor. El sol brilla por más tiempo y parece quemar más intensamente. Si usted visita Texas en el verano, o si vive aquí, sabe lo que es sudar. Sabe lo que es abanicarse. Y si pasa tiempo en el calor, sabrá lo que es oler. En otras palabras, rápidamente se hace evidente que el sol le ha afectado si pasa cualquier cantidad de tiempo expuesto a él.

De manera similar, debería ser evidente con rapidez que el Hijo de Dios también nos ha afectado a cada uno de nosotros. Debería haber evidencia de pasar tiempo con el Hijo: Jesucristo. Cuando le rinde su vida a Él como su seguidor del reino, necesita pasar tanto tiempo en su presencia que Él le afecte de maneras que otros puedan identificar. Si ese no es el caso, entonces tal vez no está pasando suficiente tiempo con Jesús. Así como el sol de Texas tendrá un efecto sobre usted si está bajo su luz, el Hijo de Dios le afectará cuando esté bajo su luz.

Como estamos viendo a través de nuestro tiempo en este libro, cuando no tocamos positivamente las vidas de otros con el amor de Dios, estamos revelando a otros que no hemos sido afectados suficientemente por el Hijo de Dios. Sabemos esto porque Jesús vino a demostrar el amor de Dios a cada uno de nosotros, y Él quiere usarnos para demostrar su amor a otros en palabras y obras.

Con demasiada frecuencia confundimos la religión con lo que significa ser espiritual. No importa a cuántos servicios religiosos asista usted, en cuántos estudios bíblicos participe o en cuántas bancas en la iglesia se cambie mientras alaba, si las vidas de otras personas no se benefician del tiempo que ha pasado con el Hijo, Él no ha dejado huella en usted. Su amor por Dios se muestra cuando ama a los demás con demostraciones visibles y verbales de bondad.

Para recapitular un poco lo que hemos aprendido hasta ahora, una de las maneras en que usted demuestra amor a los demás es supliendo las necesidades de su prójimo. Su prójimo se puede definir como la persona cuya necesidad usted ve y siente que está llamado a satisfacer, y cuya necesidad tiene la capacidad de satisfacer. Mostrar amor significa abordar una necesidad de manera legítima desde un punto de vista bíblico, y hacerlo ligado al nombre de Dios, basado en su Palabra y para su gloria.

Cuanto más tiempo pase usted con Jesús, más sensible se volverá a los demás y a sus necesidades. Cuanto menos tiempo pase con Jesús, menos sensible se volverá a los demás y a sus necesidades. Jesús estableció a su cuerpo para que viva como sus manos y pies en un mundo lleno de necesidades. Estamos aquí para cumplir con este alto llamado de bondad en la cultura dentro de nuestras esferas de influencia. Y aunque hacerlo para aquellos que conocemos puede ser de modo natural, a menudo es más difícil mostrar bondad a los desconocidos.

> **CUANTO MÁS TIEMPO PASE USTED CON JESÚS, MÁS SENSIBLE SE VOLVERÁ A LOS DEMÁS Y A SUS NECESIDADES.**

LA BONDAD HACIA LOS DESCONOCIDOS ES BONDAD HACIA JESÚS

Jesús sabía que para nosotros esto sería más difícil de hacer. Por eso cuando hablaba con sus discípulos subrayó nuestra necesidad de abrir los ojos a quienes nos rodean, especialmente a quienes no conocemos. Lo que dijo lo tenemos escrito en Mateo 25:31-40. Leemos:

Cuando el Hijo del Hombre venga en su gloria, y todos los santos ángeles con él, entonces se sentará en su trono de gloria, y serán reunidas delante de él todas las naciones; y apartará los unos de los otros, como aparta el pastor las ovejas de los cabritos. Y pondrá las ovejas a su derecha, y los cabritos a su izquierda. Entonces el Rey dirá a los de su derecha: Venid, benditos de mi Padre, heredad el reino preparado para vosotros desde la fundación del mundo. Porque tuve hambre, y me disteis de comer; tuve sed, y me disteis de beber; fui forastero, y me recogisteis; estuve desnudo, y me cubristeis; enfermo, y me visitasteis; en la cárcel, y vinisteis a mí. Entonces los justos le responderán diciendo: Señor, ¿cuándo te vimos hambriento, y te sustentamos, o sediento, y te dimos de beber? ¿Y cuándo te vimos forastero, y te recogimos, o desnudo, y te cubrimos? ¿O cuándo te vimos enfermo, o en la cárcel, y vinimos a ti? Y respondiendo el Rey, les dirá: De cierto os digo que en cuanto lo hicisteis a uno de estos mis hermanos más pequeños, a mí lo hicisteis.

Muchos estamos familiarizados con este pasaje; algunas veces, cuando nos familiarizamos demasiado con un pasaje descuidamos procesarlo y aplicarlo a nuestra vida; sin embargo, debemos aplicar este pasaje si queremos vivir como fieles seguidores del reino de Cristo, pues detalla un componente clave de la vida cristiana.

Aquí Jesús nos deja saber que todo lo que hacemos a otro ser humano o por él en su nombre, lo estamos haciendo a Él o por Él. Nos ayuda a ver la correlación que existe entre servir a los demás y servirlo a Él, el vínculo directo entre amar a los demás y amar a Jesús.

¿Alguna vez recibió un regalo en su cumpleaños o en la Navidad que era algo que no quería? No solo eso, ¡tampoco pudo encontrarle un buen uso al regalo! Sin embargo, como era un regalo, tampoco se sentía cómodo deshaciéndose de él; por lo tanto, lo metió en un armario, lo dejó en el garaje o el desván y esperó que la persona que le hizo el regalo nunca preguntara por él. Fue un regalo desperdiciado.

Por desgracia, muchos cristianos le dan a Jesús regalos que no tienen ningún uso: cosas que Él no quiere ni necesita, ya sea ser voluntarios o componer una canción. Sin embargo, como nos sentimos obligados a darle algo a Jesús, le damos lo que no marca ninguna diferencia para Él ni para nadie más. Esos regalos pueden ser diferentes para cada persona, pero a menos que sean regalos que Jesús pide y se den con un corazón de amor, no tienen mucho valor en su reino; sin embargo, Jesús dejó claro qué tipos de regalos le gustan. Él quiere que demos el regalo de demostrar su amor a los demás a través de actos de bondad verbales y visibles.

Si alguien tiene una necesidad y usted puede satisfacer esa necesidad, Jesús quiere que lo haga. Eso es lo que significa difundir bondad en la cultura. Y ese es el regalo que Jesús quiere. Si una persona tiene sed, dele algo de beber. Si alguien necesita un artículo tangible que usted puede ayudarle a conseguir, entonces ayúdelo. Si alguien está discapacitado y no puede mover sus muebles, y usted tiene el uso de sus extremidades, entonces ayúdele a mover sus muebles. Ya sea una comida, un mensaje alentador o cortar el césped, haga el regalo de su ayuda tangible. Cuando hace eso en el nombre de Jesús, se convierte en un valioso regalo para Él mismo, especialmente cuando se combina con oración, ánimo o un testimonio del evangelio, dependiendo de la condición espiritual de la persona.

Sin embargo, en lugar de pensar en actos de bondad como regalos para Jesús, a menudo los vemos como una forma de influencia o hacer palanca. Después de todo, vivimos en un mundo donde todos quieren hacer un trato. Si haces esto por mí, yo haré aquello por ti. Eso se ha convertido en la norma y se llama "bondad transaccional". Pero esta supuesta "bondad" no es en absoluto la verdadera bondad del reino.

El amor que Cristo nos ha llamado a mostrar es un amor que no espera nada a cambio. Cuando servimos a alguien con este corazón y esta intención, demostramos verdaderamente lo que significa amar a Dios.

Esto me recuerda una breve conversación que tuvieron dos hombres. Uno de ellos estaba parado junto a otro y dijo: "Señor, perdóneme, pero usted huele a rosas". Él hizo el comentario porque no es común que un hombre huela a rosas.

El otro hombre sonrió, se encogió de hombros y respondió: "Sí, eso es probablemente cierto. Soy florista y paso todo el día en la tienda de flores".

Esta es otra manera de ilustrar que donde pasa su tiempo se refleja en usted. Si elige pasar su tiempo con Jesús, su amor y bondad se le pegarán; sin embargo, si en lo único que se enfoca es en usted mismo en lugar de acercarse a Él, entonces no sucederá. Jesús dice que todo lo que usted hace por el más pequeño de estos, lo ha hecho por Él. Ese es el tipo de amor que Jesús quiere que se le contagie, para que refleje su aroma de bondad y amabilidad dondequiera que vaya, impregnando sus esferas de influencia.

Jesús no ha ocultado lo que debemos hacer para servirlo y bendecirlo. Somos llamados a cuidar de los demás en su nombre. Somos llamados a amar a los demás, especialmente a los más necesitados, a través de actos de bondad en su nombre. Existe una correlación directa entre el amor a Dios y el amor a los demás, particularmente a quienes no tienen nada que ofrecerle a cambio. Cuanto más ve Dios que usted ayuda a aquellos que no pueden devolverle su ayuda, más experimentará su presencia manifestada en su vida.

Ahora bien, entiendo que usted tiene sus propios problemas, sus propias luchas, deudas e inconvenientes; incluso puede necesitar ayuda de otra persona, pero una de las maneras en que puede ayudarse a sí mismo es ayudando a los demás. Como vimos en el capítulo anterior, al servir a otros usted abre la puerta para que Dios le responda y le bendiga en su necesidad. Y como recién leímos en el pasaje de Mateo 25, aquellos que mostraron su amor por Jesús cuidando del más pequeño de estos son invitados: *Venid, benditos de mi Padre, heredad el reino preparado para vosotros desde la fundación del mundo* (v. 34).

Por otro lado, Jesús tiene unas palabras muy duras para los que ignoraron las necesidades de otros, y que al hacerlo no mostraron amor por Él. Les dice que se "aparten" de Él. Leemos en Mateo 25:41-46:

Entonces dirá también a los de la izquierda: Apartaos de mí, malditos, al fuego eterno preparado para el diablo y sus ángeles. Porque tuve hambre, y no me disteis de comer; tuve sed, y no me disteis de beber; fui forastero, y no me recogisteis; estuve desnudo, y no me cubristeis; enfermo, y en la cárcel, y no me visitasteis. Entonces también ellos le responderán diciendo: Señor, ¿cuándo te vimos hambriento, sediento, forastero, desnudo, enfermo, o en la cárcel, y no te servimos? Entonces les responderá diciendo: De cierto os digo que en cuanto no lo hicisteis a uno de estos más pequeños, tampoco a mí lo hicisteis. E irán estos al castigo eterno, y los justos a la vida eterna.

Su relación con Jesús siempre se revelará en sus acciones, en cómo trata a los demás y se preocupa de sus necesidades. Quiero aclarar antes de seguir avanzando que no se espera de usted que supla todas las necesidades. No puede hacerlo. Yo tampoco puedo. Pero esas necesidades que ve y que Dios pone en su corazón el deseo de suplir y la capacidad de hacerlo, esas son las que debe suplir. No apague esa indicación del Espíritu Santo en su corazón. Cuando Dios marque su número para que vaya y lo sirva a Él al suplir las necesidades de alguien, hágalo.

DAR CON LA MENTALIDAD CORRECTA

Lucas 14:11-15 explica la mentalidad que debemos tener cuando contribuimos para las necesidades de otros:

> *Porque cualquiera que se enaltece, será humillado; y el que se humilla, será enaltecido. Dijo también al que le había convidado: Cuando hagas comida o cena, no llames a tus amigos, ni a tus hermanos, ni a tus parientes, ni a vecinos ricos; no sea que ellos a su vez te vuelvan a convidar, y seas recompensado. Mas cuando hagas banquete, llama a los pobres, los mancos, los cojos y los ciegos; y serás bienaventurado; porque ellos no te pueden recompensar, pero te será recompensado en la resurrección de los justos. Oyendo esto uno de los que estaban sentados con él a la mesa, le dijo: Bienaventurado el que coma pan en el reino de Dios.*

La conclusión principal en este pasaje es la siguiente: invite a quienes no tienen nada que ofrecerle a cambio. Si organiza una cena y solo invita a sus amigos cercanos, su grupo cómodo, entonces está mostrando su hospitalidad a aquellos que pueden devolverle el favor. Puede que no le devuelvan el favor de la misma manera, pero sabe que estarán ahí cuando los necesite. Jesús explica que este tipo de hospitalidad tiene su recompensa incorporada de modo transaccional. En cambio, él dice que invite "a los pobres, los mancos, los cojos y los ciegos" y a otros que de manera similar no pueden darle nada a cambio. Cuando hace esto, será bendecido por Dios mismo. Depende de usted decidir de quién quiere la bendición: de sus amigos o de Dios.

Cuando da a otros en nombre de Dios y lo hace para el beneficio de ellos, sin esperar que le devuelvan el favor de ninguna manera, Dios registra ese acto de bondad. Jesús nos dice que habrá recompensas para nosotros en la eternidad por las buenas obras que hacemos en su nombre; sin embargo, si exige el pago en esta vida de aquellos a quienes bendijo, ya sea a través de un favor a cambio o cualquier otra cosa, entonces ya ha recibido su recompensa. Puede olvidarse de la recompensa eterna. Demostrar su amor por Dios en actos tangibles de servicio abrirá las bendiciones del cielo más adelante.

Para enfatizar este punto de otra manera, Jesús les demostró a sus discípulos cómo y a quiénes amar y servir. Leemos en Mateo 18:1-7:

En aquel tiempo los discípulos vinieron a Jesús, diciendo: ¿Quién es el mayor en el reino de los cielos? Y llamando Jesús a un niño, lo puso en medio de ellos, y dijo: De cierto os digo, que si no os volvéis y os hacéis como niños, no entraréis en el reino de los cielos. Así que, cualquiera que se humille como este niño, ese es el mayor en el reino de los cielos. Y cualquiera que reciba en mi nombre a un niño como este, a mí me recibe. Y cualquiera que haga tropezar a alguno de estos pequeños que creen en mí, mejor le fuera que se le colgase al cuello una piedra de molino de asno, y que se le hundiese en lo profundo del mar. ¡Ay del mundo por los tropiezos!, porque es necesario que vengan tropiezos, pero ¡ay de aquel hombre por quien viene el tropiezo!

Jesús nos dice claramente que el mayor en el reino de Dios es la persona que se humilla como un niño. No solo eso, sino que ser grande ante los ojos de Dios es recibir a los niños en el nombre de Cristo. En la cultura de entonces, los niños eran "los más pequeños" en muchos aspectos. A menudo se les dejaba sin atender o se les obligaba a trabajar para ayudar a la familia a sobrevivir. Jesús sabía que los adultos a menudo descuidaban a los niños y no contaban con ellos, razón por la cual en otros lugares de la Escritura leemos que Él reprendió a sus discípulos por alejar a los niños. Dice en Marcos 10:13-16:

Y le presentaban niños para que los tocase; y los discípulos reprendían a los que los presentaban. Viéndolo Jesús, se indignó, y les dijo: Dejad a los niños venir a mí, y no se lo impidáis; porque de los tales es el reino de Dios. De cierto os digo, que el que no reciba el reino de Dios como un niño, no entrará en él. Y tomándolos en los brazos, poniendo las manos sobre ellos, los bendecía.

Jesús no solo enseñaba de palabra, sino también con acciones el valor de los niños. Demostró lo que dice Santiago 1:22: *Pero sed hacedores de la palabra, y no tan solamente oidores, engañándoos a vosotros mismos.* Los discípulos habían intentado apartar a los niños de Jesús, pero Jesús no solo los invitó a acercarse sino que también los bendijo.

NUTRIR A NUESTROS NIÑOS

En los países, normalmente no ponemos a nuestros hijos a trabajar en el campo para ayudar a proveer la comida de la familia, pero a menudo los dejamos solos con videojuegos o dispositivos digitales para mantenerlos ocupados. Estamos viviendo en una época con algunos de los niveles más altos de negligencia infantil. Sin embargo, Jesús nos dice lo que más importa en su reino. Nos dice que si queremos ser grandes ante los ojos de Dios, no solo necesitamos ser humildes como un niño, sino también debemos dar la bienvenida a los humildes (los descartados, los ignorados, los apartados) en nuestras vidas. Necesitamos bendecirlos como Él se tomó el tiempo de hacerlo. Los cristianos, y no el gobierno, deberían liderar el camino a la hora de traer bondad, civismo y caridad a la cultura.

Jesús también hizo una firme advertencia en el pasaje que examinamos anteriormente, dejó claro que si nos metemos con un niño, nos estamos metiendo con Él. Los niños dependen totalmente de los adultos para muchas cosas. Eso también los hace vulnerables. Sabiendo esto, condenó duramente cualquier maltrato hacia los niños. Jesús nos hizo saber que nunca llegaremos a ser grandes en su reino mientras no tratemos con bondad y amor a los más vulnerables. Debemos invitarlos responsablemente a nuestras vidas, así como Jesús invitó a los niños a acercarse a Él para bendecirlos.

En la iglesia que pastoreo, en cada mes que tiene un quinto domingo tenemos lo que llamamos "Iglesia Familiar". En este servicio animamos a las familias a adorar juntas. Gran parte del servicio es dirigido por nuestros departamentos de niños y jóvenes. Cerramos las clases regulares de la escuela dominical y reunimos a todos en el santuario principal para este tiempo especial. Solo ocurre cuatro veces al año, pero le sorprendería cuán frustradas están algunas personas por tener estos servicios dominicales especiales. Admito que el santuario es más ruidoso y que el servicio no sigue el programa típico; sin embargo, debemos dar la bienvenida y bendecir a los niños como lo hizo Jesús, porque Él los valora.

JESÚS NOS HIZO SABER QUE NUNCA LLEGAREMOS A SER GRANDES EN SU REINO MIENTRAS NO TRATEMOS CON BONDAD Y AMOR A LOS MÁS VULNERABLES.

También nosotros debemos valorar a los niños, y somos responsables de su crecimiento y desarrollo. Debemos adoptar un papel activo en esto. Para ilustrarlo, hubo un pastor que quería mostrar su jardín y su huerto a uno de los miembros de su iglesia que sabía que nunca llevaría a sus hijos al servicio; por lo tanto, mientras recorría su huerto con el hombre y le mostraba las cosas que estaba cultivando, preguntó: "¿Por qué nunca lleva a sus hijos a la iglesia?".

El hombre respondió: "Bueno, no quiero forzarlos. Quiero que crezcan y tomen sus propias decisiones".

Fue entonces cuando el pastor llegó a una sección de su huerto que había dejado intencionalmente que se llenara de malas hierbas. Había malas hierbas por todas partes, ahogando la vida de las plantas que había plantado unos meses antes. Las verduras se estaban pudriendo, encogidas y feas. Simplemente no podían crecer con las malas hierbas drenando los nutrientes y la humedad del suelo. Fue entonces cuando el hombre preguntó al pastor: "¿Por qué permitió que esta parte de su huerto terminara así?".

"Bueno", respondió el pastor, "solo quería que la vegetación decidiera por sí misma qué debería crecer acá".

A los padres y a los adultos se les ha dado la responsabilidad de nutrir y alimentar el crecimiento y desarrollo de los niños. Esto es lo que significa servir a Cristo. Hacer actos de bondad para otros adultos que están establecidos y de alguna manera pueden devolver el favor es agradable, pero no es lo que Dios considera grande. La grandeza en el reino espiritual significa servir al más pequeño de todos, que a menudo son los niños. Los niños no pueden hacer mucho por usted a cambio de lo que hace usted por ellos. Los ciegos no pueden hacer mucho por usted cuando los ayuda, ni tampoco los cojos; sin embargo, cuando sirve al más pequeño de estos en nombre de Cristo, está llenando un almacén de recompensa en el cielo. Se está elevando a los ojos de Dios y según los estándares de Él. Más adelante, cuando usted necesite algo de Dios, Él podrá mirar en su cuenta y ver las buenas obras que ha acumulado en su nombre.

Yo paso mucho tiempo predicando a grandes audiencias en Dallas y por toda la nación. Incluso he predicado ante un millón de hombres en el National Mall en Washington, DC. Pero cuando Dios mira hacia abajo y me ve predicando su Palabra a miles de personas, no me atribuye grandeza por eso, no se voltea con Jesús y dice: "¡Mira a Tony Evans! ¡Vaya!". Más bien, la grandeza se manifiesta en los actos que la mayoría de la gente nunca ve. Es la bondad hacia aquellos que no pueden hacer nada a cambio; eso es lo que llama la atención de Dios. Nunca se sobreestime basándose en las cosas que hace en público. Dios mira su corazón y examina sus motivos. ¿Está ayudando a aquellos que no pueden ayudarle a cambio? ¿Está recibiendo a los niños en su nombre para bendecirlos? ¿Está actuando de maneras que la mayoría de la gente ni siquiera sabrá, y lleva consigo las buenas nuevas de Jesucristo? Cuando modela su vida conforme a Jesucristo, vivirá una vida de verdadera grandeza.

TODO GIRA EN TORNO A JESÚS

La historia ficticia sobre la burra que llevó a Jesús el Domingo de Ramos es esclarecedora e ilustrativa. Ayuda a arrojar luz sobre cómo y dónde encontrar nuestra verdadera grandeza. El Domingo de Ramos, la burra caminaba por el camino con la cabeza en alto. Tenía a Jesús sobre su lomo, y la gente ondeaba y vitoreaba por todas partes. Se colocaban ramas de palma en el suelo para que no tuviera que caminar sobre el camino áspero. La burra rápidamente se volvió muy orgullosa. Después de todo, ¿quién más llevaba al Mesías? Sin embargo, al día siguiente, cuando la burra se levantó y caminó por esa misma calle, nadie lo notó. Nadie agitaba ramas. Nadie vitoreaba. Pisaba sobre un camino duro e incómodo.

Cuando llegó a casa, le preguntó a su mamá qué había sucedido. ¿Por qué todos vitoreaban un día, pero le ignoraban por completo al día siguiente? Fue entonces cuando descubrió la verdad. Su mamá respondió: "Hijita, sin Jesús, solo eres una burra".

Todos podemos aprender de esta historia. Sin Jesús, no somos nada. Es su poder y su voluntad los que obran en nosotros para llevar a cabo los actos de amor y bondad que hacemos. Servir a Jesús con un corazón humilde nos mantiene en sintonía con su camino. Nos mantiene alineados con su propósito. Incluso puede elevarnos a una posición de verdadera grandeza en su reino. Con Jesús, el camino hacia arriba en la escalera es hacia abajo. El servicio a los "más pequeños", incluso cuando implica solo un vaso de agua fría (véase Mateo 10:42), es lo que más importa.

8

AYUDAR A SALTAR A LOS COJOS

Muchos de nosotros tenemos en nuestro hogar cosas que se rompieron y que no hemos reparado. Algo que quizá quedó hecho pedazos, o posiblemente una decoración de cerámica con un pedazo roto. Tenemos cosas esperando ser pegadas, unidas, repintadas o arregladas de alguna u otra manera. A veces, dependiendo de cuán ocupados estemos o cuán desinteresados estemos en arreglarlas, esas cosas se acumulan. Después de un tiempo, este minihospital de objetos para restaurar puede parecer abrumador. Cuando decidamos trabajar en ellas es cuando pasarán de estar rotas a estar arregladas.

Sin embargo, esta circunstancia no ocurre solamente con las cosas. Las vidas también pueden romperse. Cuando las vidas se quiebran o se destrozan y parece que no hay modo alguno de repararlas, las personas pueden sentirse desesperadas. Ya sea que mire su propia vida, la de un ser querido o la de otra persona que conoce, podría parecer que la situación no se puede rectificar.

En ocasiones, esto puede ocurrir con el cuerpo físico. Otras veces puede suceder con los sueños, metas u oportunidades perdidas, lo cual puede llevar a una persona a vivir una vida llena de arrepentimientos y decepciones. Cuando nos encontramos a nosotros mismos o a nuestros seres queridos en situaciones como esta, lo mejor que la mayoría de las personas esperan es intentar sobrevivir. La luz desaparece de sus ojos y simplemente intentan llegar al próximo día. Cuando la esperanza para el futuro disminuye, el disfrute del día presente también se disipa.

En Hechos 3 leemos acerca de alguien que se encontraba en una situación similar. Su dificultad estaba relacionada con su cuerpo, y debido a sus limitaciones físicas sin duda sufrió pérdidas emocionales, relacionales y financieras también. Podemos ver en el pasaje que era cojo desde el vientre de su madre. Tanto sus tobillos como sus pies estaban afectados, y nunca había caminado. También descubrimos que tenía más de cuarenta años (Hechos 4:22). Solo había conocido la dependencia perpetua toda su vida, y tenía que confiar en otros para que lo llevaran de un lugar a otro para así poder mendigar. No había podido correr y jugar con amigos cuando era niño ni mantener un empleo como adulto.

Es difícil ser un hombre si ni siquiera puedes ponerte de pie. Sin embargo, esta era la situación del cojo. No hay duda de que vivía con vergüenza, dolor y derrota emocional. Toda su vida se basaba en la caridad y la bondad de los demás. Que su estómago se quedara vacío o se llenara cada día dependía de la bondad en los corazones de otras personas.

La dependencia de este hombre no era algo puntual. Era un estilo de vida. Vivía en medio de un dolor que ni él ni nadie a su alrededor podía abordar o arreglar. El relato de Hechos 3 nos dice que todos los días las personas lo llevaban a la puerta del templo llamada la Hermosa para que pudiera pedir limosna: el dinero que necesitaba para sobrevivir.

Una cosa interesante sobre la puerta llamada la Hermosa era que estaba recubierta de oro. Se necesitaban al menos veinte hombres para abrirla y cerrarla. Esta enorme puerta servía como la entrada principal para las reuniones de oración que se llevaban a cabo durante ese tiempo. Leemos que tanto Pedro como Juan llegaron a la hora novena para orar. La hora novena (las tres de la tarde) habría sido la última de las horas de oración durante el día, con las otras dos celebrándose a las nueve de la mañana y al mediodía.

Es importante recordar que en ese momento el templo era el lugar central donde las personas se congregaban para adorar u orar. La iglesia cristiana se había establecido poco tiempo antes, por lo que los cristianos todavía iban al templo judío para la oración. La última sesión de oración del día era la más extensa y la más concurrida porque era el momento en que se realizaban los sacrificios. Miles de personas acudían al servicio para participar en la bendición de la oración y el sacrificio. Esto explica por qué el cojo estaría allí durante este tiempo específico de oración, si no durante todo el día. Sería su mejor oportunidad para obtener regalos caritativos de la multitud.

Otra observación interesante es que la ubicación principal de este hombre para recibir ayuda era el templo, donde sabía que las personas estarían más dispuestas a darle dinero en efectivo; sin embargo, aunque muchos podían darle, nunca pudieron cambiar su destino. En otras palabras, el templo facilitaba ser mendigo, al tiempo que hacía poco por sus circunstancias generales. Esto es importante señalarlo porque, a veces, nuestros actos de bondad pueden estar prolongando una situación difícil en lugar de ofrecer una solución espiritual. Puede llegar a ser algo fácil satisfacer las necesidades temporales de aquellos que están en apuros, pero Dios nos ha llamado a mucho más. Dios nos ha llamado a vivir vidas bondadosas y caritativas que influencien a las personas por la eternidad. Pedro y Juan conocían este llamado mayor cuando escucharon la súplica del mendigo; sabían que debían responder a un nivel más elevado que simplemente dejar caer monedas en una taza, como veremos enseguida.

Pedro y Juan habían ido al templo a orar. A lo largo del Nuevo Testamento, y especialmente en el libro de los Hechos, hay un gran énfasis en la oración. La oración está diseñada para permitir que las personas contacten con el cielo para comunicarse sobre lo que necesita ser abordado en la tierra. La oración tiene la capacidad de conectar el reino espiritual con el físico, y por eso Jesús llamó al templo "una casa de oración" (Mateo 21:13; Marcos 11:17). La oración es fundamental para la vida espiritual. Jesús nunca se refirió al templo como "una casa de predicación" o "una casa de canto". El templo fue llamado "una casa de oración" porque la oración es un principio central de lo que Dios quiso que fuera la Iglesia. La capacidad de contactar el cielo para producir un impacto transformador positivo en la tierra es esencial.

Pedro y Juan vieron al hombre mientras iban a orar. Sin duda, usted también ha visto a personas que mendigan. Puede que no estén sentadas en las entradas de las iglesias en nuestra cultura actualmente, pero a menudo se sientan o se paran a lo largo de carreteras o intersecciones concurridas. Se acercan para pedir dinero. A veces, su aflicción es notable. Tal vez son cojos o les falta algún miembro, otras veces su aflicción no es tan identificable, pero aun así sostienen un letrero pidiendo ayuda. Normalmente dicen algo sobre que tienen hambre y solo quieren una comida para el día. Cuando Pedro y Juan vieron al hombre hambriento junto a la puerta del templo, no apartaron la mirada. En cambio, fijaron su mirada en él. Se detuvieron. Lo observaron. Pusieron en pausa sus planes y prestaron atención al hombre necesitado.

El ejemplo de Pedro y Juan es un buen modelo para todos nosotros que queremos vivir vidas que influencien positiva-mente a quienes nos rodean. Pedro y Juan no miraron hacia otro lado cuando pasaron junto al hombre cojo. En cambio, se detuvieron y lo miraron directamente. Además, le pidieron que los mirara a ellos. Leemos: *Pedro, con Juan, fijando en él los ojos, le dijo: Míranos. Entonces él les estuvo atento, esperando recibir de ellos algo* (Hechos 3:4-5).

No es extraño que el hombre cojo mirara a Pedro y Juan cuando ellos se lo pidieron. Rápidamente les prestó atención porque esperaba que le dieran algo. Si usted fuera un mendigo en una esquina de la calle y alguien bajara su ventanilla hacién-dole señas para que se acercara, ¿no esperaría recibir algo? Eso es natural. Sus esperanzas aumentarían. Sus pensamientos podrían dirigirse hacia lo que comería pronto con el dinero que estaban a punto de darle. Es como la sensación que se tiene al abrir una tarjeta de cumpleaños esperando que haya un regalo adentro. Ni siquiera se molesta en leer la tarjeta. Solo la sacude, viendo lo que cae, ya sea dinero en efectivo o un cheque.

Sin embargo, esta vez no cayó nada del sobre para el mendigo. Pedro y Juan no pusieron ni una sola moneda en su taza. Imagine su decepción cuando Pedro dijo: "No tengo plata ni oro". Cualquier débil sonrisa que pudiera haber mostrado en su cara desapareció tan rápido como Pedro pudo decir las palabras. Pedro le dejó saber al hombre cojo que no estaba pidiendo su atención para poder darle dinero. No quería participar en el sistema de caridad del templo ni darle una limosna para que simplemente sobreviviera otro día. No, Pedro quería darle algo más.

AUTORIDAD DEL REINO

Pedro y Juan no tenían mucho dinero, pero lo que sí tenían era autoridad delegada del reino. Se les había dado la autoridad del cielo para hablar a la crisis que enfrentaba el hombre cojo y cambiar el rumbo de su destino. La parte maravillosa de esta historia es que Pedro y Juan no tenían nada más de lo que tenemos nosotros como creyentes y seguidores de Jesucristo. Usted y yo hemos sido delegados como embajadores del reino que representan los intereses y la voluntad del cielo en la historia en la tierra.

El problema es que demasiados de nosotros no hacemos ningún uso de ello. Demasiados de nosotros pasamos nuestras vidas extendiendo no solo actos de bondad para abordar necesidades temporales sino también acciones fundamentadas en la bondad y la autoridad para cambiar vidas para la eternidad. Cada uno de nosotros ha recibido de Dios la autoridad y el derecho, cuando se lleva a cabo según su voluntad divina, de hacer que el mañana sea mejor que el ayer. Tenemos la autoridad del reino arraigada en Jesucristo para alterar futuros de modo que superen el pasado. Al llevar a cabo la autoridad del reino a través de actos de bondad basados en la oración y en el nombre de Jesús, podemos avanzar la agenda del reino de Dios en la tierra.

> **CADA UNO DE NOSOTROS HA RECIBIDO DE DIOS LA AUTORIDAD Y EL DERECHO, CUANDO SE LLEVA A CABO SEGÚN SU VOLUNTAD DIVINA, DE HACER QUE EL MAÑANA SEA MEJOR QUE EL AYER.**

Cuando Jesús estaba en la tierra les dijo a sus discípulos en Lucas 9:1 que les estaba dando autoridad del reino: *Habiendo reunido a sus doce discípulos, les dio poder y autoridad sobre todos los demonios, y para sanar enfermedades.* Además, cuando Jesús resucitó de entre los muertos señaló el acceso a la autoridad del reino en su nombre mientras llevamos a cabo su voluntad en la tierra.

Y Jesús se acercó y les habló diciendo: Toda potestad me es dada en el cielo y en la tierra. Por tanto, id, y haced discípulos a todas las naciones, bautizándolos en el nombre del Padre, y del Hijo, y del Espíritu Santo; enseñándoles que guarden todas las cosas que os he mandado; y he aquí yo estoy con vosotros todos los días, hasta el fin del mundo. Amén. Mateo 28:18-20

Dios nos dio acceso a la autoridad del reino a nosotros, sus discípulos, a través del Señor Jesucristo ascendido. Jesús está sentado a la derecha del Padre porque ese lado siempre indica fuerza. Jesús está posicionado allí para ejecutar la voluntad de Dios en la historia a través de sus agentes del reino autorizados. Los agentes autorizados de Jesús son aquellos creyentes a quienes se les ha delegado la autoridad del reino para actuar en nombre de Cristo a la luz de su ausencia física en la tierra. A través del poder del Espíritu Santo que habita en nosotros debemos ejecutar la voluntad de Jesús en la tierra. Esto solo se puede hacer mediante la autoridad de Cristo y en su nombre.

Lo importante que debemos entender es que no todos los creyentes comparten una autoridad igual ni ejecutan un poder espiritual igual. Efesios 3:20 nos da un destello del motivo: *Y a Aquel que es poderoso para hacer todas las cosas mucho más abundantemente de lo que pedimos o entendemos, según el poder que actúa en nosotros.* En otras palabras, un creyente solo recibe la obra "mucho más abundante" de Dios en su vida "según el poder que actúa" dentro de él o ella. La abundancia de autoridad y de obra está vinculada al nivel de poder del reino que puede ser ejecutado. Si usted no tiene un gran poder, no puede hacer tanto como aquellos que tienen más. Dios ha puesto su poder a disposición de todos nosotros a través de la fe y una relación con Jesucristo constantes (Juan 15); sin embargo, no todos aprovechan esta oferta. Por lo tanto, Dios ha elegido hacer a través de usted, su agente autorizado del reino, solamente lo que ha obtenido acceso a través de su poder para hacer. Depende de usted cultivar su relación con Jesucristo para obtener un mayor acceso al poder del reino de Dios en usted.

EN EL NOMBRE DE JESÚS

Cuando manejamos hacia la ciudad, es posible que veamos a un policía también conduciendo en la carretera. Si usted va a un concierto o a un evento grande, verá a un policía dirigiendo el tráfico. Cuando ese oficial levanta su mano, la gente deja de caminar o de manejar en esa dirección. Las manos del policía no contienen una fuerza especial. La razón por la que la gente deja de manejar o caminar por la calle se debe a la autoridad que la ley otorga al oficial. El oficial sirve como representante del gobierno debidamente autorizado para controlar el tráfico. No es la mano la que tiene el poder; es la autoridad representada por la mano la que hace el trabajo.

Si usted o yo saliéramos a la calle e intentáramos dirigir el tráfico, es poco probable que tuviéramos éxito. Mientras los autos continúan pasando con rapidez por nuestro lado, enseguida nos daríamos cuenta de que no estamos autorizados. De modo similar, el hecho de que usted y yo asistamos a la iglesia no garantiza automáticamente una autoridad del reino a un nivel que nos permita mejorar drásticamente la vida de otra persona, o incluso nuestra propia vida. La autoridad para llevar a cabo actos de bondad del tamaño del reino está ligada al nombre de Jesucristo. Fue en el nombre de Jesús como Pedro y Juan accedieron a la autoridad que necesitaban para ayudar al hombre cojo. Fue su conexión con su nombre lo que les dio el poder para llevar a cabo ese acto milagroso. El texto completo de Hechos 3:6 dice: *Mas Pedro dijo: No tengo plata ni oro, pero lo que tengo te doy; en el nombre de Jesucristo de Nazaret, levántate y anda.*

Pedro reconoció la autoridad del reino que tenía a través de una conexión relacional con Jesucristo. Él dijo: *Pero lo que tengo te doy*, lo cual nos indica que este poder del reino para cambiar vidas a través de actos de bondad no está ligado únicamente al nombre de Jesús. También está ligado a la conexión que tenemos con Jesús mismo.

Por ejemplo, si usted fuera al número 1600 de la Avenida Pensilvania y se acercara a la instalación de seguridad y dijera: "Tony Evans de Dallas me envió aquí para hablar con el presidente", no llegaría muy lejos. Incluso si mencionara mi nombre muchas veces y exigiera que le dejaran entrar, simplemente le escoltarían hasta la salida del recinto. Pronto descubriría que mi nombre no tiene peso en la Casa Blanca. Sin embargo, si asistiera a la iglesia de la que soy pastor, Oak Cliff Bible Fellowship, y usara mi nombre adjunto a los deseos que yo quisiera llevar a cabo, obtendría la autoridad necesaria para hacerlo. Mi nombre tiene peso en la iglesia que pastoreo porque está ligado a mi función y mis relaciones allí. En otras palabras, conocer y usar un nombre con éxito está ligado a la autoridad de esa persona y a la relación que tenemos con ella cuando lo usamos.

Muchos cristianos quieren usar el nombre de Jesús, pero cuando no hay relación con Él como persona y como su Salvador y Señor, descubren que sus palabras no tienen la autoridad de Él. El nombre de Jesús no es una palabra mágica para usar en cada capricho. Solamente porque conozcamos el nombre de Jesús no significa que tengamos la autoridad para usarlo. Cuando usted permanezca en Cristo conforme a la Escritura obtendrá acceso a la autoridad del nombre de Jesús. Esto es cierto para individuos, familias, iglesias y comunidades.

Hacer actos de bondad es bueno; y hacerlos con la autoridad espiritual y el poder de Jesús le permitirá transformar potencialmente la vida de alguien. Sin embargo, esa autoridad espiritual y ese poder se actualizan solamente a través de la comunión permanente de Cristo en usted.

Una historia en Hechos 19 demuestra este aspecto clave de Cristo y su autoridad, en relación con su nombre. En este pasaje leemos que Pablo estuvo expulsando demonios a diestra y a siniestra. Esos demonios comienzan a huir siempre que Pablo aparece y habla. Como podrá imaginar, una buena cantidad de poder y prestigio seguirán a cualquiera que tenga esta capacidad. Cuando otros ven lo que Pablo hace, algunos de ellos también quieren hacerlo; sin embargo, no quieren hacerlo para ayudar a otros. En cambio, quieren beneficiarse del prestigio y el reconocimiento. Quieren lo que Pablo tiene para recibir aplausos y otros beneficios materiales. Leemos esta historia en Hechos 19:11-17:

> *Y hacía Dios milagros extraordinarios por mano de Pablo, de tal manera que aun se llevaban a los enfermos los paños o delantales de su cuerpo, y las enfermedades se iban de ellos, y los espíritus malos salían. Pero algunos de los judíos, exorcistas ambulantes, intentaron invocar el nombre del Señor Jesús sobre los que tenían espíritus malos, diciendo: Os conjuro por Jesús, el que predica Pablo. Había siete hijos de un tal Esceva, judío, jefe de los sacerdotes, que hacían esto. Pero respondiendo el espíritu malo, dijo: A Jesús conozco, y sé quién es Pablo; pero vosotros, ¿quiénes sois? Y el hombre en quien estaba el espíritu malo, saltando sobre ellos y dominándolos, pudo más que ellos, de tal manera que huyeron de aquella casa desnudos y heridos. Y esto fue notorio a todos los que habitaban en Éfeso, así judíos como griegos; y*

tuvieron temor todos ellos, y era magnificado el nombre del Señor Jesús.

Básicamente, los demonios les dijeron a los siete hijos de Esceva que conocían a Jesús y que conocían a Pablo, pero que no tenían idea de quiénes eran ellos. El nombre, cuando su autoridad no estaba vinculada a las personas que lo invocaban, resultó inútil. De hecho, el demonio no solo se negó a salir sino que también saltó sobre los hombres y los golpeó, haciendo que huyeran desnudos y heridos. Usar el nombre de Jesús solamente llega hasta la conexión personal que tengamos con su nombre, bajo su señorío y autoridad en nuestras vidas. Jesús busca personas que sean agentes de transformación en una cultura que ha enloquecido. Es nuestra tarea ayudar a cambiar las vidas de las personas para bien, no solo en el momento sino también para la eternidad. Sin embargo, Jesús solo sancionará la autorización de su autoridad divina para aquellos que reconoce como suyos. El poder que usted tenga para transformar vidas está ligado a su relación personal con Jesucristo y al nivel de sumisión a la autoridad de Dios.

En otras palabras, la oración no es suficiente. El nombre de Jesús no es suficiente. Su autoridad del reino se actualiza a través de una presencia permanente de Cristo manifestada en la obra del Espíritu Santo en su vida. Pedro y Juan tenían este poder, y con él sanaron al hombre cojo. Después de decirle al hombre que caminara, Pedro se inclinó: *Y tomándole por la mano derecha le levantó; y al momento se le afirmaron los pies y tobillos; y saltando, se puso en pie y anduvo; y entró con ellos en el templo, andando, y saltando, y alabando a Dios* (Hechos 3:7-8).

JESÚS ACTÚA A TRAVÉS DE NOSOTROS

Usted y yo somos las manos y los pies de Jesús. Pedro no solo habló con el hombre. No solo oró por él. Pedro extendió la mano y tocó al hombre. Agarró su mano y levantó al cojo. Las acciones que Jesús desea hacer desde el cielo se realizan a través de las personas aquí en la tierra. Debemos estar activamente involucrados en ayudar a las personas. Simplemente decirle a alguien que estamos orando por él o ella no maximiza la autoridad del reino ni expresa completamente la bondad del reino. Dios nos ha capacitado para tocarlos y cambiar su situación mediante nuestra relación con Jesucristo.

La oración es poderosa; pero la oración sin acción es solamente una parte. De manera similar, la acción sin oración es solamente una parte. Tiene que haber movimiento en las oraciones que hacemos. Eso es caminar por fe. Si no hay movimiento en la oración, no hay ejecución del poder celestial en la tierra. En toda la Escritura podemos ver demostraciones de esto. Hubo muchas veces cuando Dios no se movió hasta que la persona o las personas se movieron primero en respuesta a lo que Él les pidió.

Dios le dijo a Moisés ante el Mar Rojo que levantara la vara. Las aguas del Mar Rojo no se separaron hasta que Moisés hizo lo que Dios le dijo (Éxodo 14:21). Dios les dijo a los sacerdotes que pusieran sus pies en el río para que las aguas se detuvieran e Israel pudiera cruzar (Josué 3:13). Él dio la orden de mover la piedra antes de resucitar de la tumba a Lázaro, el hermano de Marta (Juan 11:39). En otras palabras, usted puede orar todo el día, pero hasta que su vida esté en consonancia con sus labios, sus oraciones serán tan solo palabras. Si Dios le ha dicho que realice alguna acción para abordar una situación, caminar por fe significa hacerlo. Cuando Pedro se inclinó y agarró al hombre de la mano, las piernas del cojo se fortalecieron y pudo levantarse. No tuvo que ir a un médico. No necesitaba muletas. La fuerza de sus tobillos comenzó a formarse cuando Pedro lo agarró. De hecho, el versículo que leemos dice que saltó. No solo se levantó como podría hacerlo un anciano. Saltó. Además, continuó saltando mientras alababa a Dios por permitirle experimentar lo sobrenatural en el ámbito natural. Cuando los agentes autorizados de Dios mezclaron la oración con la acción, la vida de este hombre cojo fue transformada.

> SIMPLEMENTE DECIRLE A ALGUIEN QUE ESTAMOS ORANDO POR ÉL O ELLA NO MAXIMIZA LA AUTORIDAD DEL REINO NI EXPRESA COMPLETAMENTE LA BONDAD DEL REINO. DIOS NOS HA CAPACITADO PARA TOCARLOS Y CAMBIAR SU SITUACIÓN MEDIANTE NUESTRA RELACIÓN CON JESUCRISTO.

EL PODER DE LA TRANSFORMACIÓN DEL REINO

Dios puede cambiar las cosas en un instante. Así de poderoso es Él. No importa cuánto tiempo haya estado ahí el problema, cuán profundo se haya vuelto o cuánto daño haya causado, se puede solucionar. Cuando el agente del reino de Dios adecuado combina la oración correcta con la acción correcta, un acto de bondad o caridad puede conducir a una verdadera transformación de vida. Lo que necesitamos en la actualidad son hombres y mujeres que no solo estén buscando la caridad del gobierno, sino más bien la transformación del reino. Nadie tiene que permitir que su pasado controle su futuro. Como embajadores del reino desde el trono de Dios tenemos la capacidad de cambiar vidas para bien y para la gloria de Dios.

Cuando se hace esto, no será solamente la vida de una persona la que cambiará, sino que cuando otros lo escuchen, también serán cambiados. Leemos en Hechos 4:4 sobre el impacto que la autoridad del reino de Pedro y Juan en la vida del cojo y sus explicaciones del evangelio tuvieron en la comunidad: *Pero muchos de los que habían oído la palabra, creyeron; y el número de los varones era como cinco mil.* Cinco mil, y eso sin incluir a mujeres y niños. Pedro y Juan estaban llevando a personas a Cristo combinando palabras de fe con obras de fe.

Pedro y Juan utilizaron el milagro de la curación del cojo como plataforma para compartir con otros el amor de Dios y su salvación (Hechos 3:11-26). En el Antiguo Testamento, David hizo lo mismo cuando mostró bondad en el nombre de Dios a Mefi-boset, el hijo cojo de Jonatán que no tenía nada que ofrecerle a cambio (2 Samuel 9). Nosotros debemos hacer lo mismo. No solo debemos realizar actos de bondad para hacer de este mundo un lugar mejor, sino que además debemos aprovechar la autoridad del reino de Dios y utilizar esas oportunidades para compartir el evangelio. Cualquier pecador puede hacer algo bueno, pero una buena obra es más que algo bueno. Una buena obra siempre glorifica a Dios.

Cuando usted combina la oración, los actos de bondad y el compartir del evangelio, se convierte en un embajador del reino que busca avanzar el reino de Dios en la tierra. Es mi esperanza que las comunidades e iglesias en nuestra tierra se llenen de embajadores de bondad del reino, de manera que la gente se maraville del poder de Dios. Nuestra nación debería estar llena de personas que buscan oportunidades para servir a Dios ayudando a otros en nombre de Dios. Hay muchas personas sufriendo hoy que necesitan la ayuda del Señor. Necesitan una mano sanadora. Necesitan una palabra llena de esperanza. Dios nos ha llamado a cada uno de nosotros a ser sus manos y sus pies, a abrir nuestros corazones y nuestros ojos a su obra en las vidas de las personas. Cuando lo hacemos, nos convertimos en instrumentos del amor transformador de Dios. Es esta perspectiva la que hace que la bondad del reino sea diferente a los actos de caridad seculares.

9

RICOS EN LA OBRA DE DIOS

Muchos restaurantes de comida rápida ofrecen la opción de aumentar el tamaño de la orden. Algunos lo llaman "agrandar". Antes de pagar y recibir su orden, con frecuencia nos preguntarán si queremos hacerlo más grande de lo que ordenamos originalmente. Lo admitiré: me resulta difícil decir que no cuando tengo hambre. Tal vez usted llegó al restaurante pensando que pediría un menú normal, pero al llegar al mostrador de pedidos se va con un menú más grande en su bandeja.

Cuando confió en Jesucristo como su Salvador, recibió vida eterna. Todo aquel que pone su fe en la obra consumada de Jesucristo para su salvación personal obtiene acceso a este regalo gratuito; sin embargo, Dios quiere hacerle una oferta por algo más. Dios le ofrece agrandar su experiencia con Él. Él no quiere que se conforme con un cristianismo básico o una vida espiritual tipo "Happy Meal", quiere ofrecerle mucho más que eso basado en su Palabra.

La salvación por medio de Jesucristo le garantiza la entrada al cielo cuando muera. Los cristianos comprenden eso y cuentan con ello; sin embargo, lo que la mayoría de los cristianos no comprende es que ser salvo no es una garantía de una vida espiritual "tamaño gigante". Todos los que son salvos no obtienen la plena expresión de la realidad de Dios actuando para ellos y a través de ellos. Eso llega en virtud de su sumisión y comunión con Dios.

Ahora bien, algunas personas pueden decir que no necesitan una vida espiritual tamaño gigante. Pueden sentirse satisfechos con un "Happy Meal". Eso puede ser lo que Pablo estaba enfrentando cuando escribió la carta a Timoteo, su discípulo en la fe. Pablo animó a Timoteo a enseñar a sus feligreses lo que les beneficiaría más.

En el momento en que Pablo escribió a Timoteo, había tres clases de personas, muy similar a lo que ocurre hoy en día. Estaban los pobres, la clase media y los ricos. El grupo más bajo entre los pobres era conocido como la clase esclava. Si alguien era esclavo, generalmente no poseía nada y pasaba sus días sacando apenas lo suficiente para poder comer y sobrevivir. No tenía muchos cambios de ropa. Todo lo que hacía estaba dirigido a la supervivencia.

El siguiente grupo en la sociedad era la clase media. En tiempos bíblicos la clase media tenía su propio lugar de residencia. Podían ser dueños de una casa e incluso de algunas posesiones. Tenían más de un cambio de ropa. Hacían más que solo pensar en cómo conseguir su próxima comida. Tenían más tiempo para explorar la vida y participar en ella.

El tercer grupo eran los ricos. Este grupo de personas vivía en la abundancia. No tenían que subsistir a duras penas, ni tampoco necesitaban trabajar para cubrir necesidades básicas o tener un poco más para gastar los fines de semana. Los ricos vivían en hogares lujosos, con sus necesidades domésticas atendidas por los pobres y la clase media. Tenían dinero extra, ropa extra y grandes propiedades. Nunca tenían que preocuparse por su próxima comida o por cómo pagar una pila de facturas.

Estos tres grupos componían la sociedad en el momento en que Pablo escribió a Timoteo. Conocer estos tres grupos nos da contexto para la declaración de Pablo en 1 Timoteo 6:7-8, que dice:

> *Porque nada hemos traído a este mundo, y sin duda nada podremos sacar. Así que, teniendo sustento y abrigo, estemos contentos con esto.*

Pablo comenzó animando para que tengan contentamiento. Usted tiene que empezar por ahí. Pablo quería que las personas comprendieran que si tenían comida y ropa, no deberían quejarse. La queja es una manifestación de descontento, que refleja un corazón ingrato. Pablo quería que Timoteo, y aquellos a quienes Timoteo enseñaba, supieran que tener lo básico en la vida debería producir un espíritu de contentamiento arraigado en la gratitud.

Pablo trató de asegurarse, antes incluso de comenzar a hablar de lo que significa ser rico y desear una vida espiritual tamaño gigante, de que hubiera una comprensión del contentamiento. *Contentamiento* significa "estar tranquilo donde está, estar satisfecho con lo que tiene". No significa que no pueda esperar más, trabajar por más u orar por más, pero sí significa que está bien y agradecido por lo que tiene en este momento mientras espera que algo cambie.

Una persona que tiende a quejarse aunque tenga suficiente comida y ropa tiene un corazón exigente, no uno satisfecho. La gratitud produce contentamiento; la ingratitud produce exigencia. En los Estados Unidos la línea para distinguir la pobreza se sitúa generalmente en unos 20 000 dólares o menos al año. El gobierno ha determinado que ganar menos de eso significa que no se pueden cubrir las necesidades básicas como comida, vivienda y costos médicos. Es entonces cuando el gobierno intervendrá con asistencia. Pero si gana más de eso, hasta unos 100 000 dólares al año en ingresos, se le considera de clase media. Dependiendo del tamaño de la familia y de cuántas personas haya en un hogar, esas son las delimitaciones generales. A partir del año 2023, el ingreso anual promedio en los Estados Unidos es de 71 000 dólares. Sin embargo, una reciente encuesta Gallup descubrió que la mayoría de los estadounidenses creen que el ingreso promedio mínimo para que una familia "se las arregle" es de 85 000 dólares al año.[1]

Estas son las cifras para los Estados Unidos; sin embargo, si miramos al mundo, para ser incluido dentro del 10 por ciento superior de los que ganan salarios a nivel mundial, usted necesita ganar 122 000 dólares al año. El ingreso promedio mundial es de alrededor de 23 000 dólares al año, y el ingreso promedio de la mitad más pobre de la población mundial es de 3920 dólares.[2] Cuando observa los estándares globales, o si alguna vez ha viajado o visitado áreas empobrecidas, puede entender rápidamente que incluso los pobres en los Estados Unidos ganan más que otros en todo el mundo. Incluso muchos de los pobres en los Estados Unidos tienen acceso a alimentos y agua, ya sea a través de asistencia del gobierno o caridad, así como un lugar para vivir. Esta realidad debería producir un corazón de gratitud, porque hay millones de personas en todo el mundo que apenas ganan lo suficiente para sobrevivir.

Si no tiene que preguntarse cómo va a ir del punto A al punto B porque tiene un vehículo y suficiente dinero para mantenerlo, necesita reevaluar cualquier queja que tenga. Debería estar contento. Si tiene un armario para guardar su ropa y puede elegir qué ponerse, entonces el contentamiento debería ser su estado principal. No estoy diciendo que no debería querer ganar más, hacerlo mejor o alcanzar el éxito. Lo que digo, y lo que Pablo dice en el pasaje que estamos examinando, es que si tiene usted comida y ropa, debería estar contento. No debería vivir en un estado de queja.

Después de que Pablo analizó lo que significa estar contento y cómo el contentamiento debería servir como nuestro punto de inicio para el crecimiento espiritual, pasó a decirle a Timoteo cómo proceder en cuanto a querer más. Leemos esto en 1 Timoteo 6:17-19, que dice:

A los ricos de este siglo manda que no sean altivos, ni pongan la esperanza en las riquezas, las cuales son inciertas, sino en el Dios vivo, que nos da todas las cosas en abundancia para que las disfrutemos. Que hagan bien, que sean ricos en buenas obras, dadivosos, generosos; atesorando para sí buen fundamento para lo por venir, que echen mano de la vida eterna.

Es importante tener en cuenta que estas palabras están justo después de que Pablo escribiera en los vv. 10-11: *Porque raíz de todos los males es el amor al dinero, el cual codiciando algunos, se extraviaron de la fe, y fueron traspasados de muchos dolores. Mas tú, oh hombre de Dios, huye de estas cosas, y sigue la justicia, la piedad, la fe, el amor, la paciencia, la mansedumbre.* Aquí, Pablo busca diferenciar entre el dinero y el amor al dinero. Nunca dijo que el *dinero* es la raíz de todos los males. Más bien, dijo que el *amor al dinero* es la raíz de los males. Quiere establecer esto desde el principio porque está a punto de dar un mensaje sobre cómo aumentar su vida espiritual.

Dios no está en contra de que las personas sean ricas. Tampoco está en contra de que las personas sean bendecidas. En toda la Biblia leemos acerca de personas que son ricas. De hecho, Salomón fue uno de los hombres más ricos de su tiempo. Abraham también era rico. Job era rico. Además, fue Dios quien les proporcionó sus riquezas bendiciéndolos. Leemos en 1 Samuel 2:7: *Jehová empobrece, y él enriquece; abate, y enaltece.* Dios puede levantarle, y también puede permitir que un colapso económico le derribe. Todas estas cosas están en manos de Dios.

El libro de Proverbios tiene muchos versículos sobre cómo obtener riquezas o abundancia de manera lenta y constante. Hay mucho escrito en contra de los esquemas para enriquecerse rápidamente. La Biblia promueve un estilo de vida de trabajo arduo con miras a obtener ganancias. Proverbios 10:22 dice: *La bendición de Jehová es la que enriquece, y no añade tristeza con ella.* La Escritura no revela una condena contra los ricos. Hay muchos que encajan en la categoría de abundancia, pero la

Escritura advierte que las riquezas llegan con efectos secundarios potenciales.

CUIDADO CON EL PECADO DEL ORGULLO

Uno de los posibles efectos secundarios de la riqueza es la vanidad o el orgullo. Cuanto más adquiere una persona, mayor es la posibilidad de que entren pensamientos erróneos. Puede hacerse más fácil pensar más de lo que debe de usted mismo. Puede quedar ensimismado y considerarse mejor que otras personas. En los viejos tiempos lo llamábamos "presumido y estirado". Sin embargo, no hay base para la arrogancia cuando usted comprende que Dios mismo elige bendecir. Si no fuera por Él, los ricos no serían ricos. Por eso Pablo subraya esta advertencia al escribir a Timoteo. Quiere que Timoteo guíe a su rebaño de tal manera que conozcan las advertencias sobre la gran riqueza.

En una oportunidad estaba viendo un partido de fútbol cuando apareció un anuncio que decía que cierto medicamento podría ayudar a aliviar ciertos síntomas. Imágenes de personas sanas y felices llenaban la pantalla; sin embargo, durante la mayor parte del anuncio el narrador enumeraba las maneras en que los efectos secundarios de ese medicamento podrían causar daño. De hecho, finalmente mencionó que el medicamento a veces incluso puede ser fatal. Estoy seguro de que usted ha visto anuncios similares. Por ley, los fabricantes de medicamentos están obligados a reportar sobre los posibles efectos secundarios. Dios quiere que sepa que hacerse rico también tiene posibles efectos secundarios, y uno de ellos es la vanidad.

Nada es peor que un santo presumido, alguien que siente que porque está bendecido, todos los demás deben estar haciendo algo mal y por eso enfrentan dificultades. Creen que la bondad en sus vidas está ligada a sus decisiones y acciones, en lugar de estar unida a la gracia de Dios. Han olvidado quiénes son y hasta dónde los ha llevado Dios. Pablo advirtió que esto podría suceder, y exhortó a los creyentes a no poner su esperanza en la "incertidumbre de las riquezas". Las riquezas pueden llegar y desaparecer, hoy están aquí y mañana ya no están. Un accidente, una enfermedad, la muerte o cualquier cosa que usted posea que se rompa puede enseñarle rápidamente cuán frágil y fugaz es el dinero. Cuando algo se tuerce y arruina su plan, puede cambiar rápidamente su situación financiera. Las circunstancias tienen una manera de recordarnos que todas las cosas buenas que nos llegan son por la gracia de Dios. Santiago 1:17 dice:

> *Toda buena dádiva y todo don perfecto desciende de lo alto, del Padre de las luces, en el cual no hay mudanza, ni sombra de variación.*

Es importante recordar quién es su Fuente. Cuando usted reconoce a Dios como su Fuente, puede mantenerse confiado incluso cuando las cosas cambian. También puede evitar el orgullo cuando es bendecido. El orgullo es uno de los inhibidores de compartir sus bendiciones con otros. Para que los creyentes difundan bondad en la cultura, debemos erradicar todo orgullo y pensamiento de posesión. Somos mayordomos del reino puestos aquí en la tierra para administrar lo que se nos ha dado, de tal manera que dé gloria a Dios y produzca bien a otras personas.

Confiar en sus riquezas es poner todas sus fichas en su propia canasta de dinero. Eso es peligroso. Dios está en contra del orgullo. Si usted decide ser orgulloso, Dios a menudo permitirá que algo le humille y le recuerde que Él es su Fuente. Leemos una y otra vez en la Escritura lo que Dios piensa del orgullo:

> *El temor de Jehová es aborrecer el mal; la soberbia y la arrogancia, el mal camino, y la boca perversa, aborrezco.*
>
> Proverbios 8:13

> *Pero él da mayor gracia. Por esto dice: Dios resiste a los soberbios, y da gracia a los humildes.*   Santiago 4:6

> *Abominación es a Jehová todo altivo de corazón; ciertamente no quedará impune.*   Proverbios 16:5

> *Seis cosas aborrece Jehová,*
> *Y aun siete abomina su alma:*
> *Los ojos altivos, la lengua mentirosa,*
> *Las manos derramadoras de sangre inocente,*
> *El corazón que maquina pensamientos inicuos,*
> *Los pies presurosos para correr al mal,*
> *El testigo falso que habla mentiras,*
> *Y el que siembra discordia entre hermanos.*
>
> Proverbios 6:16-19

> *Antes del quebrantamiento es la soberbia, y antes de la caída la altivez de espíritu.*   Proverbios 16:18

Jehová de los ejércitos lo decretó, para envilecer la sober-
bia de toda gloria, y para abatir a todos los ilustres de la
tierra.   Isaías 23:9

Las riquezas y el dinero no son el problema. El orgullo es
el problema. Sin embargo, las riquezas y el exceso de dinero
pueden contribuir al problema del orgullo, razón por la cual
Pablo nos advierte contra eso. Enfocar su mente y su corazón
en cómo servir a los demás con las bendiciones que Dios le ha
dado, a través de actos de bondad, generosidad o caridad, también ayuda a mantener su corazón en control cuando se trata del
orgullo. Salmos 62:10 nos recuerda: *Si se aumentan las riquezas,*
no pongáis el corazón en ellas.

Nuestro corazón siempre debe estar puesto en Dios. En
otras palabras, no deje que las cosas que tiene arrebaten su amor
y devoción por Dios. No permita que se apoderen de sus afec-
tos. En cambio, ponga su esperanza en Dios, quien suple abundantemente todo lo que usted necesita. Dios quiere que disfrute
lo que Él le ha dado. Simplemente no quiere que lo que le ha
dado robe sus pensamientos y los aleje de Él. En resumen, no
quiere que sus dones se conviertan en un ídolo.

LA MENTALIDAD ADECUADA CON RESPECTO A LAS BENDICIONES

Este capítulo no tiene la intención de hacer que usted se sienta
culpable por lo que tiene o por las bendiciones que ha recibido.
Tampoco es eso lo que Pablo escribió en la Escritura. La intención es advertirle sobre los posibles efectos secundarios, o peli-
gros, de enfocarse en su riqueza más que en Dios. Si ha recibido

riquezas legítimamente y las está usando de forma igualmente legítima, entonces puede disfrutar de ellas legítimamente. Eclesiastés 5:18-20 enfatiza lo siguiente:

> *He aquí, pues, el bien que yo he visto: que lo bueno es comer y beber, y gozar uno del bien de todo su trabajo con que se fatiga debajo del sol, todos los días de su vida que Dios le ha dado; porque esta es su parte. Asimismo, a todo hombre a quien Dios da riquezas y bienes, y le da también facultad para que coma de ellas, y tome su parte, y goce de su trabajo, esto es don de Dios. Porque no se acordará mucho de los días de su vida; pues Dios le llenará de alegría el corazón.*

DIOS QUIERE QUE DISFRUTE LO QUE ÉL LE HA DADO. SIMPLEMENTE NO QUIERE QUE LO QUE LE HA DADO ROBE SUS PENSAMIENTOS Y LOS ALEJE DE ÉL.

Debe disfrutar de los dones y las bendiciones que Dios le ha dado. No hay necesidad de disculparse por ello o dejar que otras personas le hagan sentir mal por acumular legítimamente esos dones y bendiciones. Dios sabe que la vida viene con dificultades y dolor; también sabe que hay tiempos difíciles. Ese es uno de los motivos por el que nos ha dado cosas buenas para disfrutar cuando podemos. Y una vez que haya aprendido a disfrutar sus bendiciones sin dejar que dominen su vida como un ídolo, estará listo para beneficiarse aún más a través de una vida de bondad y amabilidad. Dios quiere bendecirle mientras usted bendice a otros. Somos llamados a ser ricos en buenas obras. Por lo tanto, cuanto más rico le haga Dios en dinero, más rico debe ser en buenas obras. Si su dinero aumenta, pero sus buenas obras disminuyen, algo está mal. De alguna manera ha creado usted una desconexión espiritual.

Si desea ser bendecido, pero no está dispuesto a ser una bendición porque está muy enfocado en sí mismo, se ha alejado de Dios. Cuando está cerca de Dios, su generosidad hacia usted se reflejará en la generosidad que usted muestre con los demás. Como recordatorio, una buena obra es una actividad divinamente autorizada que beneficia a alguien en necesidad, por la cual no espera una recompensa y Dios recibe la gloria. Dios debe ser el factor motivador para que sea una buena obra. Como dice Mateo 5:16:

Así alumbre vuestra luz delante de los hombres, para que vean vuestras buenas obras, y glorifiquen a vuestro Padre que está en los cielos.

Glorificar significa "alabar, publicitar, proclamar o poner algo en exhibición". Cada acto de bondad que usted haga debe ser intencional, con el efecto de glorificar a Dios. Cuando no lo vinculamos a Dios y su provisión como la Fuente en toda nuestra vida, entonces es simplemente algo bueno. Las cosas buenas pueden ayudar en el momento, pero no influyen en el destino eterno de la persona a la que usted ayudó ni cultivan su relación presente con Dios. Además, las cosas buenas no tienen impacto en su propia relación con Dios. Una buena obra que glorifica a Dios, por otro lado, capta la atención de Dios. Solicita agrandar el tamaño de su vida espiritual. Le agrada a Dios. Como dice

Hebreos 13:16: *Y de hacer bien y de la ayuda mutua no os olvidéis; porque de tales sacrificios se agrada Dios.*

TESOROS EN EL CIELO

Si quiere hacer sonreír a Dios, sea abundante en buenas obras. Sea próspero en la obra *de Dios.* Hacer eso significa establecer límites en su propia vida sobre lo que hace para usted mismo o gasta en usted mismo, pero también abrirá las compuertas del cielo para que Dios envíe más. Cuanto más se arremangue e invierta su tiempo, talentos y tesoros en otros para la gloria de Dios, más descubrirá que su bondad fluye hacia usted. Una buena obra no es solo un cheque o una donación en el internet. Si bien esas cosas son buenas y útiles, Dios le pide que invierta todas sus bendiciones en bendecir a otros. Eso incluye su tiempo, sus dones, sus habilidades y su duro trabajo. Puede significar tener que cambiarse de una camisa formal a una camiseta para satisfacer una necesidad material, cambiar sus planes para acomodar a alguien que está necesitado, o ayudar a los enfermos que están confinados en casa o en riesgo. Puede significar usar una habilidad o conexión particular para beneficiar a alguien. Sea cual sea el caso, usted es llamado a hacer buenas obras, y la mayoría de las veces no son algo que simplemente pueda enviar por correo. Las buenas obras incluyen su participación y compromiso con los demás.

Debemos organizar nuestras vidas para estar disponibles si alguien está en necesidad y organizar nuestras finanzas para tener un excedente cuando Dios nos envía a alguien. Puede comenzar ofreciendo su tiempo como voluntario en algún lugar que satisfaga las necesidades de otros, o ideando una manera de ayudar a una persona anciana, o incluso a alguien de su familia que pueda necesitar ayuda. Sea lo que sea, cuando está vinculado le dará gloria al nombre de Dios. Él lo observará y le responderá con su favor. Efesios 4:28 dice: *El que hurtaba, no hurte más, sino trabaje, haciendo con sus manos lo que es bueno, para que tenga qué compartir con el que padece necesidad.*

El propósito del trabajo es proveer para uno mismo, servir al lugar, industria o clientes donde trabajamos, pero también proveer algo para compartir con otros que tienen necesidad. Cuando hacemos eso, acumulamos tesoros en el cielo mientras experimentamos más de Dios aquí en la tierra. Como leímos anteriormente en 1 Timoteo 6:18-19:

> *Que hagan bien, que sean ricos en buenas obras, dadivosos, generosos; atesorando para sí buen fundamento para lo por venir, que echen mano de la vida eterna.*

Ser rico en la obra de Dios a través de buenas obras nos permite acumular tesoros para nosotros mismos en la eternidad y "echar mano de la vida eterna". Es ahí donde entra en juego este concepto de hacer más grande la vida espiritual. Cuando usted se vuelve activo en hacer buenas obras, está llenando un almacén en el cielo por adelantado. Siempre me sorprende que a pesar del tamaño de las casas hoy en día, sigan construyéndose almacenes por todas partes. Aparentemente la humanidad es propensa a acumular cosas. Sabiendo esto, Dios nos insta a almacenar lo que no se pudrirá ni se descompondrá. Nos insta a almacenar lo que podemos usar para siempre en la eternidad. Es literalmente ahorrar para el futuro, cuando Dios planea revelar la inmensidad eterna de Su bondad a su pueblo (Efesios 2:6-7).

La mayoría de nosotros sabemos lo que significa ahorrar para el futuro en esta vida. Tenemos planes de jubilación o inversiones. Muchos padres ahorran para la educación universitaria de sus hijos. Nuestro pensamiento orientado al futuro informa a nuestras decisiones en el presente. Dios nos pide que pensemos más allá, en el futuro, más allá de lo que vemos y conocemos ahora. Nos pide que almacenemos lo que durará para siempre, y hacemos eso a través de buenas obras. Cuando llegue usted al cielo, Dios le dará lo que haya almacenado. Si su unidad de almacenamiento eterno está vacía, entonces no tiene tesoros en el cielo.

> **DEBEMOS ORGANIZAR NUESTRAS VIDAS PARA ESTAR DISPONIBLES SI ALGUIEN ESTÁ EN NECESIDAD Y ORGANIZAR NUESTRAS FINANZAS PARA TENER UN EXCEDENTE CUANDO DIOS NOS ENVÍA A ALGUIEN.**

Almacenar cosas en el cielo también le permite aferrarse mejor a su vida en el presente. Como hemos visto, una de las razones por las que muchas personas no experimentan más de Dios es porque su unidad de almacenamiento en la eternidad está vacía. Se han preocupado solo por sí mismas, así que cuando le piden a Dios que agrande su experiencia de Él en este momento, Él verifica su saldo y lo encuentra insuficiente. Para maximizar verdaderamente y disfrutar de una vida espiritual más grande, debe vivir con una orientación hacia el futuro. Debe tomar sus decisiones basándose en lo que espera en el futuro, así como en sus necesidades actuales, porque cuando acuda a Dios para sacar algo para la vida presente de su almacenamiento celestial, Él va a mirar adentro. Si lo abre y no encuentra nada, entonces eso es lo que usted puede obtener.

Todos enfrentaremos tiempos difíciles en nuestras vidas, momentos en los que necesitaremos que Dios intervenga. Enfrentaremos temporadas en las que ni siquiera el dinero podrá resolver el problema. Vamos a necesitar intervención y asistencia divina. Todos enfrentamos esos momentos en los que las riquezas no pueden liberarnos, los amigos no pueden librarnos de ello y nuestra propia mente no puede encontrar una solución. Esos son los momentos en los que frecuentemente recurriremos a Dios y le pediremos su misericordia y provisión. Pero muchas veces lo que usted da es lo que recibe cuando se trata de recibir soluciones espirituales para problemas terrenales.

Hay una historia fabulosa que se encuentra en Hechos 9:36-42 que ilustra muy bien este punto:

> *Había entonces en Jope una discípula llamada Tabita, que traducido quiere decir, Dorcas. Esta abundaba en buenas obras y en limosnas que hacía. Y aconteció que en aquellos días enfermó y murió. Después de lavada, la pusieron en una sala. Y como Lida estaba cerca de Jope, los discípulos, oyendo que Pedro estaba allí, le enviaron dos hombres, a rogarle: No tardes en venir a nosotros. Levantándose entonces Pedro, fue con ellos; y cuando llegó, le llevaron a la sala, donde le rodearon todas las viudas, llorando y mostrando las túnicas y los vestidos que Dorcas hacía cuando estaba con ellas. Entonces, sacando a todos, Pedro se puso de rodillas y*

oró; y volviéndose al cuerpo, dijo: Tabita, levántate. Y ella abrió los ojos, y al ver a Pedro, se incorporó. Y él, dándole la mano, la levantó; entonces, llamando a los santos y a las viudas, la presentó viva. Esto fue notorio en toda Jope, y muchos creyeron en el Señor.

Tabita era una mujer que abundaba en buenas obras. Habría sido una embajadora de bondad en la cultura en su pueblo. La caridad y los actos de bondad fluían libremente de ella. Podríamos decir que era rica en buenas obras. Pero lo interesante es que cuando Tabita cayó enferma y murió, llamaron a Pedro para que acudiera a ayudar. Conociendo la necesidad y su reputación, Pedro fue rápidamente. Cuando llegó, todos comenzaron a mostrarle las cosas maravillosas que Tabita había hecho por los demás. Las mujeres que lloraban a su alrededor eran mujeres a las que ella había ayudado.

En ese momento, Pedro optó por enviar a todos afuera para poder arrodillarse y orar. Al hacerlo, pidió que la mujer muerta se levantara. Y aunque Pedro no realizó el milagro él mismo, sino que fue Dios quien lo hizo, Tabita respondió a su petición y se levantó. Estaba viva. Tabita, que había hecho tantos actos de bondad y amabilidad por los demás, obtuvo su propio milagro. Su negocio de abundar en buenas obras para ayudar a quienes lo necesitaban regresó para bendecirla en su momento de crisis.

Amigo, cuando se encuentre en una situación que sus habilidades no pueden arreglar o su chequera no puede solucionar, necesita preguntarse si ha habido suficiente bondad en su propia vida para que Dios le dé el milagro que más necesita. ¿Le levantará Dios de nuevo porque sabe que será una bendición para otros? Ahora bien, es cierto que en la tierra todos morirán.

Tabita en algún momento murió y permaneció muerta. Incluso los justos y los santos mueren; por lo tanto, esto no es una fórmula para la vida eterna en la tierra, pero es un buen ejemplo del poder de Dios en momentos en los que más lo necesitamos.

Si quiere maximizar su potencial espiritual y que su vida sea mucho más grande, debe ser rico en buenas obras. Eso no significa un acto aleatorio de bondad cuando sea conveniente. Ser abundantemente rico en buenas obras significa que la bondad es su estilo de vida. Siempre que tenga la oportunidad de servir a otra persona, hágalo. No ignore el impulso del Espíritu Santo dentro de usted. Dios está observando, y nota cuando hace buenas obras para la gloria de Dios.

Uno de los mayores problemas en nuestra nación hoy día es que tenemos demasiadas personas subiendo la escalera del éxito solo para llegar a la cima y descubrir que estaba apoyada contra la pared equivocada. No importa cuántos peldaños tenga su escalera o cuán alto llegue. Lo importante es que la apoye contra la pared correcta. Si pasa todo su tiempo subiendo escaleras hacia la nada, entonces llegará allí. Es absolutamente fundamental que coloque su escalera en la pared del amor de Dios, subiendo cada vez más cerca de su corazón con cada paso. A medida que lo haga, sus bendiciones caerán sobre usted, y por lo tanto caerán también sobre otros a través de usted.

Difundir bondad en la cultura tiene que ver con cambiar nuestra cultura para bien y reemplazar el caos por compasión. Significa elevar la atmósfera, convirtiendo la negatividad y la fuerte crítica en aliento y esperanza. Pero, además de todo eso, significa elevar su propia vida espiritual y experiencia con Dios. Este movimiento es de ida y regreso. A medida que cada uno de

nosotros comienza a participar cada vez más en compartir actos
y palabras de bondad en nuestros ámbitos de influencia, también estaremos dando entrada a un avivamiento de la presencia
de Dios en nuestras iglesias y en nuestra tierra.

CONCLUSIÓN: IMPACTO CULTURAL DEL REINO

El profeta Zacarías nos recordó que una cultura puede ser desagradable e injusta. Expresar justicia es un modo de demostrar bondad en la cultura; sin embargo, el hecho de que la mayoría de las veces la sociedad y la cultura están dirigidas por sistemas, estructuras y personas que no son piadosas da lugar al auge de un virus contagioso de mezquindad. A medida que este contagio se extiende, Dios retira de esta tierra su mano de bendición, provisión y paz. Cuando esto ocurre, la tierra se vuelve desolada. *Desolada* puede referirse a varias cosas. No solo se refiere a la tierra y su habilidad para producir alimentos. La desolación también afecta a los negocios, al comercio e incluso a la salud social y a la motivación. Esto lo vemos una y otra vez en la Escritura, pero uno de los lugares en los que se explica más directamente es Zacarías 7:8-14. Dice así:

> *Y vino palabra de Jehová a Zacarías, diciendo: Así habló*
> *Jehová de los ejércitos, diciendo: Juzgad conforme a la*

verdad, y haced misericordia y piedad cada cual con su her-
mano; no oprimáis a la viuda, al huérfano, al extranjero
ni al pobre; ni ninguno piense mal en su corazón contra
su hermano. Pero no quisieron escuchar, antes volvieron la
espalda, y taparon sus oídos para no oír; y pusieron su cora-
zón como diamante, para no oír la ley ni las palabras que
Jehová de los ejércitos enviaba por su Espíritu, por medio de
los profetas primeros; vino, por tanto, gran enojo de parte
de Jehová de los ejércitos. Y aconteció que así como él clamó,
y no escucharon, también ellos clamaron, y yo no escuché,
dice Jehová de los ejércitos; sino que los esparcí con torbellino
por todas las naciones que ellos no conocían, y la tierra fue
desolada tras ellos, sin quedar quien fuese ni viniese; pues
convirtieron en desierto la tierra deseable.

La meta de la Iglesia es traer la perspectiva de Dios a la cultura. Es llevar la perspectiva del reino de Dios más allá de las
cuatro paredes entre las cuales nos reunimos cada domingo.
Esto lo hacemos a través de las buenas obras. Mateo 5:16 dice:
Así alumbre vuestra luz delante de los hombres, para que vean
vuestras buenas obras, y glorifiquen a vuestro Padre que está en los
cielos. Dios quiere que hagamos pública nuestra bondad. Dejar
que nuestra luz brille es algo que hacemos a través de obras de
bondad y amor. Dios no quiere solo bondad privada, bondad
personal o incluso bondad eclesial. Quiere bondad en la cultura.

Aunque somos llamados a ser bondadosos en la Iglesia,
en nuestras familias y en nuestras relaciones interpersonales,
la bondad en la cultura hace pública la gloria de Dios. De esta
forma, somos embajadores del reino de Dios dondequiera que
vamos. Dios quiere que el retrato de quién Él es (su imagen

reflejada en y a través de su cuerpo) se exhiba en todo lugar. Él quiere ser visible y nos ha creado y llamado a cada uno a ser parte de esa gran misión.

En nuestra cultura en deterioro no hay tiempo para agentes secretos cristianos. Cuando se trata de la bondad y el amor, Dios quiere que usted y yo pongamos en práctica esos atributos en las plazas públicas. Como dice Gálatas 6:10: *Así que, según tengamos oportunidad, hagamos bien a todos*. Cuando la Escritura dice que debemos hacer el bien a "todos", eso es precisamente a lo que se refiere: a *todos*. Incluso las personas que no conocemos, no nos preocupan o con las que no estamos de acuerdo. La bondad no es un lujo limitado, debe ser un estilo de vida.

Por eso hemos desarrollado la campaña "Bondad en la cultura" que se detalla en el Apéndice B. Es una campaña para motivar a los cristianos a establecer un nuevo tono en la sociedad. Hay muchas maneras en las que podemos mostrar bondad, ya sea ayudando a una persona anciana o sin hogar, dar comida a alguien que está pasando necesidad, enviar un regalo a alguien que lo está pasando mal, visitar a los pobres, abrir la puerta a alguien en una tienda o un restaurante, recoger algo que se le cayó a otra persona, ofrecer una botella de agua a un repartidor, o cualquier otra cosa. Cuando vea y sienta una necesidad y sabe que tiene la capacidad de suplirla, Dios le está pidiendo que dé el paso y responda con bondad.

Es más, cuando supla una necesidad, pregúntele a la persona si puede orar por ella. Su oración no tiene que ser sofisticada o larga, pero cuando ora está demostrando su dependencia de Dios de manera visible y verbal, y así lo glorifica. Al fin y al cabo, esa persona podría conocer a Dios y eso serviría para acercarla a Él, o podría no conocer a Dios personalmente y ese podría ser el primer paso para que lo haga. Su oración abre la puerta espiritual para que el Espíritu Santo pueda hacer su obra. No se ponga nervioso por tener que orar por alguien. La mayoría de las personas por las que haga algún acto de bondad le permitirán que ore por ellas, y la mayoría también se sentirán reconfortadas por esa oración y el interés que usted muestra al tomarse el tiempo de orar.

Después, si puede, comparta el evangelio. Las buenas noticias del evangelio son lo más importante, porque son la manifestación suprema de la bondad de Dios (Tito 3:4-5). Sin embargo, no siempre existe la oportunidad de hacerlo. Por eso hemos añadido a las tarjetas de bondad un enlace a la presentación del evangelio para que la gente pueda verlo en el internet. De este modo, sus actos de bondad son actos de evangelismo en sus vidas diarias. Nuestras buenas obras siempre deberían apuntar a las buenas nuevas del evangelio. Si un número suficiente de cristianos se compromete a hacer al menos un acto de bondad por semana, estaremos ayudando a transformar nuestra cultura.

Juntos podemos poner en marcha un movimiento de bondad y amor. Podemos contrarrestar la maldad y la fuerte crítica que se han normalizado tanto en nuestra nación en la actualidad. Es el momento de que los cristianos, individualmente, y la Iglesia de manera colectiva, tomen las riendas de desarrollar y extender el impacto y la influencia de la bondad en la cultura.

RECONOCIMIENTOS

Quiero agradecer a mis amigos de Baker Publishing Group por su interés y colaboración en publicar mis pensamientos, estudios y palabras sobre este tema tan valioso. Quiero agradecer particularmente a Andy McGuire por llevar la voz cantante en este manuscrito junto a Baker Publishing Group. Ha sido un placer trabajar con Andy en este proceso hasta llegar a la publicación. También quiero agradecer públicamente a Sharon Hodge y Hannah Ahlfield. Además, quiero mostrar mi aprecio a Heather Hair por sus habilidades y consejos al escribir y colaborar en este manuscrito.

APÉNDICE A: PROFUNDIZANDO TEOLÓGICAMENTE

PREGUNTAS Y RESPUESTAS SOBRE LA BONDAD

PREGUNTA: ¿Cómo podemos reconciliar el concepto de la bondad de Dios hacia toda la creación con la realidad de la ira de Dios hacia los pecadores?

RESPUESTA: Pablo dice en Romanos 11 que Dios es tanto bondadoso como severo. Por un lado, tenemos la bondad de Dios, y por otro la justicia y santidad de Dios. Ambas son igual de ciertas.

La buena noticia es que Dios puede permitir que uno de sus atributos reaccione ante otro de sus atributos. Por eso, cuando nos arrepentimos, Dios nos mirará con ojos de misericordia en lugar de juicio, porque respondimos al lado misericordioso de su carácter. Las perfecciones de Dios no pueden ser comprometidas. Pero podemos ajustar ante qué perfecciones estamos respondiendo y de cuáles nos estamos beneficiando si cumplimos las condiciones que Él ha establecido.

PREGUNTA: ¿Por qué la cruz es un símbolo de la respuesta de Dios ante la maldad del mundo?

RESPUESTA: La cruz de Jesucristo fue la respuesta de Dios ante el pecado. La respuesta de Dios al pecado era necesaria para establecer un castigo adecuado y que así Él pudiera ofrecer perdón. Dios quería ofrecer perdón al mundo entero haciendo que su propio Hijo Jesucristo pagara el precio; un acto de bondad que impide que Él tenga que hacer eso con nosotros. Por lo tanto, Él descargó su ira sobre alguien de su propia familia de la Trinidad. Eso sí que es bondad y amor. Esa es la bondad sacrificial que nos da perdón. Cuando alguien le ofrezca perdón de manera gratuita, recuerde que esa es la forma más pura de amor.

PREGUNTA: Pablo nos dice en Romanos 2:4 que la bondad de Dios es lo que nos llamó al arrepentimiento. Solemos olvidarnos de esto cuando pensamos en el pecado y creemos que el temor y la ira son mejores motivaciones para producir arrepentimiento. ¿Por qué la bondad que Dios muestra es la mejor opción?

RESPUESTA: Una de las maneras en las que Dios nos lleva al arrepentimiento es mediante su bondad. Cuando entendemos cuán bueno ha sido al no darnos las consecuencias de lo que merecemos y disminuir las repercusiones de los errores y los pecados que cometimos, eso debería hacernos despertar y querer responder a esa bondad con gratitud, arrepentimiento y compromiso. Deberíamos tener esto presente en la manera en que tratamos a los demás, escogiendo la bondad en lugar del odio o el juicio.

PREGUNTA: Gálatas 5:22 nos recuerda que la bondad es un fruto del Espíritu. ¿Cómo actúa el Espíritu dentro de nosotros para desarrollar este fruto y que seamos cristianos bondadosos en medio de un mundo malvado?

RESPUESTA: En Gálatas 5 se nos dice que debemos "caminar en el Espíritu". Eso implica actuar espiritualmente, buscando agradar al Señor con nuestras decisiones. Cuando usted hace eso, está actuando en el reino del Espíritu. Cuando decide, basándose en la Palabra de Dios, actuar en el reino del Espíritu, entonces la obra del Espíritu se activa en su vida para producir el fruto o el resultado de esa decisión. Aunque Dios no decidirá por usted, una vez que usted haya decidido actuar espiritualmente y pedirle al Espíritu Santo que le imparta lo que necesite en esta área de la bondad, el Espíritu le ayudará y puede producir los resultados de esa decisión.

PREGUNTA: Aunque la Iglesia está llamada a ser una comunidad de bondad, a veces ese no es el testimonio que damos al mundo y tampoco es siempre la virtud por la que nos conocen. ¿Por qué cree que la Iglesia, que ha experimentado la bondad de Dios, es menos conocida por su bondad y más por sus riñas y controversias?

RESPUESTA: Una de las razones por las que la gente no ve bondad en la Iglesia es que esta muchas veces no es espiritual. La Iglesia se ha secularizado tanto en su pensamiento, que a menudo refleja la fuerte crítica que hay en la cultura. Como resultado, la Iglesia se ha convertido en un mal testimonio para el mundo. Como no estamos caminando en el Espíritu (pensando espiritualmente y tomando en consideración la Palabra de Dios como deberíamos, mientras le pedimos a la presencia de Dios que inunde el ambiente en el que actuamos), nuestros pensamientos equivocados se filtran en nuestras acciones y las personas no reciben un buen testimonio de la Iglesia en los asuntos a los que nos enfrentamos en la actualidad.

Aunque lo que creemos o profesamos sea bíblicamente correcto, el modo en que lo llevamos a cabo o lo compartimos con frecuencia no es bíblico porque nuestras actitudes pueden estar llenas de mezquindad. Incluso pueden llegar a estar llenas de odio, división y orgullo. En lugar de eso, debemos pedirle a Dios no solo que nos dé la verdad sino también que nos ayude a acompañar la verdad con amor. De esa manera, podremos "hablar la verdad en amor" (Efesios 4:15, NBLA). Cuando falta amor, la verdad se vuelve difícil de escuchar.

PREGUNTA: Una de las principales maneras en las que extendemos la bondad en nuestra cultura es a través de las buenas obras. ¿Qué diferencia las buenas obras de las buenas acciones?

RESPUESTA: ¿Qué son las buenas obras en la Escritura? Las buenas obras son buenas acciones que hacemos por otra persona en el nombre de Dios. Ayudamos a alguien que necesita ayuda y vinculamos a Dios a esa ayuda. Cuando compartimos el evangelio se convierte en una obra aún mejor, porque eso trae beneficio eterno a la ayuda temporal que estamos brindando.

En esa combinación, las personas pueden ver y sentir el amor de Dios (no solo escucharlo) por medio de las acciones de bondad que demostramos los unos a los otros y a aquellos que necesitan ver el amor de Dios de manera tangible.

APÉNDICE B: CAMPAÑA "BONDAD EN LA CULTURA"

Sea parte de la nueva y dinámica iniciativa del Dr. Tony Evans que está difundiendo una atmósfera de esperanza por toda la nación. Sustituya el lenguaje de odio por palabras que edifiquen. Escoja el honor por encima del odio. HAGA lo que Dios dice: *No seas vencido de lo malo, sino vence con el bien el mal* (Romanos 12:21).

Si cada uno de nosotros hace su parte, podemos crear una onda expansiva colectiva que llegue mucho más lejos de lo que podríamos llegar cada uno individualmente.

CÓMO FUNCIONA

Es fácil. Tan solo abra sus ojos y su corazón para ver cómo Dios le guía a hacer un acto de bondad por semana. Si quiere hacer más, ¡mejor! Pero cuando lo haga asegúrese de preguntarle al beneficiario si también puede orar por él o ella. Además, pregúntele si puede presentarle el evangelio. Puede que no diga que sí, pero está bien. Solo sonría y entréguele una tarjeta. En la tarjeta hay un código QR que la persona puede usar para ver una presentación del evangelio en cualquier otro momento. Cada persona es diferente, y la persona con la que hable puede ser introvertida o reservada, así que no se ofenda si no quiere que comparta el evangelio. Solo entréguele la tarjeta y deje que el Espíritu Santo continúe la obra que usted comenzó.

COMPARTA EL EVANGELIO

Todos sabemos que debemos compartir el evangelio con los demás, y queremos hacerlo; sin embargo, algunas veces compartir las buenas noticias de Jesucristo puede ser intimidante. Hemos recopilado estos recursos para ayudarle a hacer su parte en llevar el evangelio a un mundo que lo necesita.

¿QUÉ SON LOS ACTOS DE BONDAD?

Los actos de bondad pueden ser cualquier cosa, desde ofrecerse a llevar la compra de alguien que está en apuros (tal vez una persona anciana o una mamá joven) hasta llevarle un café a un compañero de trabajo, ayudar a un vecino, llevarle comida a alguien, dar más propina de la que se espera, ofrecerse a ayudar a alguien que parece estar perdido, sostener la puerta, permitir que alguien avance en la fila antes que usted, o simplemente ser intencional con lo que dice e intentar animar a alguien que está decaído.

Hay muchas maneras en las que todos podemos ser más bondadosos. Estas son solo algunas ideas, y sabemos que a usted se le ocurrirán algunas muy buenas también.

EXTIENDA LA BONDAD

Puede obtener tarjetas de bondad de nuestro ministerio contactándonos directamente, pero si quiere **personalizar** las tarjetas de bondad con los datos de su entidad local, grupo de madres, grupo de hombres, grupo de mujeres, grupo de oración, iglesia u organización, simplemente escríbanos a kindness@tonyevans. org y nos pondremos en contacto con usted. Así podrá incluir el **nombre** de su organización o grupo (y si es una iglesia, sus horarios de servicio) o cualquier otra información en la parte posterior de la tarjeta para que la gente de su comunidad sepa dónde puede juntarse con más personas maravillosas y superbondadosas como usted.

Para saber más, visite TonyEvans.org/Kindness.

APÉNDICE C: CÓMO COMPARTIR EL EVANGELIO (BREVE)

En un tiempo en el que muchos descartan el mensaje del evangelio, es nuestra responsabilidad asegurarnos de que las personas tengan la oportunidad de escuchar las buenas noticias. Usted y yo debemos estar preparados para hablar a otros de la esperanza que hay en nuestro interior. ¿Cómo hacemos eso? En este apéndice daré una breve explicación de cómo compartir el evangelio, así como un enlace y un código QR al final en el que puede escucharme compartir esta información con usted personalmente a través de un video. En el próximo apéndice le daré la presentación completa del evangelio "El camino de Romanos".

Cuando quiera compartir el evangelio con alguien, le recomiendo que comience con una pregunta. Podría preguntar: "¿Cómo cree que una persona llega al cielo?" o "¿Le gustaría estar seguro de que irá al cielo?". Al hacer una pregunta y escuchar la respuesta de la persona, usted se ganará el derecho a compartir su opinión. Como hay muchos cristianos que no se sienten seguros a la hora de compartir el evangelio, he desarrollado una fórmula sencilla basada en tres versículos del libro de Romanos.

En primer lugar, Romanos 3:23 nos dice que "todos pecaron". La mayoría de las personas reconocen que son pecadores y han hecho y dicho cosas que están mal. La verdad de este versículo debería ser obvia para todos, ya que es la situación universal en la que nos encontramos todos. Es el diagnóstico de nuestra enfermedad espiritual. Todos luchamos con la realidad del problema del pecado y qué podemos hacer con ella.

En segundo lugar, Romanos 5:8 nos ofrece la gran esperanza de que "siendo aún pecadores, Cristo murió por nosotros". La buena noticia es que Dios ama a los pecadores. Él no nos abandonó en nuestro estado de pecado, sino que nos ofreció una salida. Para demostrar su amor por nosotros, Dios nos dio a su Hijo Jesucristo, que murió en la cruz para pagar por nuestros pecados. Cristo es nuestro sustituto, el que tomó nuestro lugar. Aquel que era perfecto, Jesús, tomó sobre sí el castigo que merecíamos. Su amor borró nuestra deuda y nos liberó de la culpabilidad.

En tercer lugar, Romanos 4:4-5 deja claro que nuestra salvación viene a través del regalo de Dios: el sacrificio que Cristo hizo por nosotros. No es por nuestros esfuerzos de hacer lo correcto o ser buenas personas. Ninguna de nuestras obras es suficiente para ganarnos una invitación al cielo. Nuestra salvación no es una recompensa por nuestra bondad, sino un regalo que Dios ofrece a aquellos que creen en Jesús para recibir perdón de pecados y el regalo gratuito de la vida eterna. Dios nos aplica la perfección de Jesús; su justicia pagó nuestra deuda.

Puede terminar compartiendo algún otro versículo que haga eco del mensaje de los versículos de Romanos que acabamos de mencionar. La mayoría de las personas han escuchado Juan 3:16, que habla de la grandeza del amor de Dios; tan grande, que Él entregó a su único Hijo para que pudiéramos tener vida eterna con Él. También, 2 Corintios 5:21 nos dice que Cristo es aquel que no tenía pecado, pero fue hecho pecado por nosotros para que a través de Él podamos se hechos "justicia de Dios". Esta es la buena noticia que cambia corazones y cambia vidas. Deberíamos ser valientes al proclamarla a aquellos que necesitan escucharla.

Para ver el video, vaya a TonyEvans.org/ShareTheGospel o escanee el código QR a continuación.

APÉNDICE D:
LA PRESENTACIÓN DEL EVANGELIO
"EL CAMINO DE ROMANOS"

He incluido esta sección por dos razones. En primer lugar, quiero presentarlo claramente a aquellos que nunca se han familiarizado con los fundamentos básicos de la fe cristiana. En segundo lugar, para aquellos que son cristianos, quiero enseñarles una manera poderosa y completa de compartir su fe con otros.

El bosquejo que utilizaremos no es originalmente mío. Yo no lo descubrí; simplemente lo he ampliado. Sin embargo, me ha resultado sencillo de recordar y fácil de usar. Se llama "El Camino de Romanos". Para hacerlo simple, utilizando pasajes clave del libro de Romanos podemos explicar todo lo que un hombre o una mujer necesitan saber para recibir la salvación en Jesucristo. Comencemos.

EL PROBLEMA

Por cuanto todos pecaron, y están destituidos de la gloria de Dios. Romanos 3:23

La salvación es una *buena noticia*, pero para recibirla primero tenemos que asumir una mala noticia, que es la siguiente: todos somos pecadores. No hay un solo hombre o una sola mujer en el planeta tierra (pasado, presente o futuro) que no tenga pecado.

La palabra griega para *pecado* significa literalmente "fallar el blanco". Describe a un arquero que tensó su arco, soltó la flecha y no dio en el centro de la diana. De modo similar, el pecado implica no dar en el blanco. ¿Cuál es el blanco? El versículo que acabamos de leer nos lo dice: "Todos pecaron, y *están destituidos de la gloria de Dios*" (énfasis añadido). El pecado es estar destituido de la gloria de Dios por no cumplir su norma.

Para ayudar a entender este concepto, debo atacar un mito popular alimentado por los medios de comunicación, la comunidad literaria y algunas veces hasta la propia iglesia. La fábula es que el pecado se puede medir en grados. Para muchos de nosotros los criminales son como pecadores de alto nivel, mientras que quienes dicen mentiras piadosas son pecadores de poca monta. Parece lógico creer que aquellos que están en la cárcel municipal no han pecado tanto como aquellos que están en una cárcel de máxima seguridad. Sin embargo, desde la perspectiva de Dios, eso no es así.

En la Escritura, el pecado no se mide por grados. Estamos destituidos de la gloria de Dios porque no alcanzamos su norma, o no lo estamos. Como toda la cuestión del pecado descansa

174 La bondad del reino

sobre este punto, debemos asegurarnos de entender bien cuál es nuestro blanco.

Siempre que hacemos algo que no cumple la norma de Dios (su gloria) o fracasamos al intentar reflejar el carácter de Dios a través de nuestras acciones no alcanzando su estándar, hemos pecado. Hay una historia de dos hombres que exploraban una isla cuando de repente un volcán entró en erupción. En cuestión de momentos, ambos se encontraron rodeados de lava. A poca distancia había un espacio despejado y un camino hacia una zona segura. Para llegar, sin embargo, tendrían que saltar por encima del río de roca derretida. El primer caballero era un señor mayor bastante activo, pero no estaba demasiado en forma. Corrió todo lo rápido que pudo y dio un salto sorprendente, pero solo avanzó una corta distancia. Murió de inmediato al caer en la lava ardiente.

El otro explorador era un hombre mucho más joven que tenía una excelente forma física. De hecho, nadie había conseguido superar el récord que había establecido en salto largo cuando estaba en la universidad. Puso toda su energía en su salto, saltó con una técnica impecable y superó su propio récord de la universidad. Por desgracia cayó muy lejos de la zona despejada. Aunque el joven había saltado mucho mejor que su acompañante, los dos terminaron igualmente muertos. La supervivencia estaba tan fuera de alcance que la habilidad ni siquiera era importante.

Los "grados de bondad" pueden ser importantes al contratar a un empleado o elegir vecinos, pero cuando el problema es el pecado, el único estándar que importa es la perfecta santidad de Dios. La pregunta no es si usted es mejor o peor que su vecino, sino si cumple la norma de Dios. Su norma es la justicia perfecta, y es una norma que ni la persona con el mejor comportamiento o más recta moralmente puede alcanzar.

EL CASTIGO

Por tanto, como el pecado entró en el mundo por un hombre, y por el pecado la muerte, así la muerte pasó a todos los hombres, por cuanto todos pecaron. Romanos 5:12

Ahora bien, al leer este pasaje usted podría estar pensando: *Si el pecado entró al mundo por un solo hombre (Adán), no es justo que nos castiguen a todos.* La realidad es que la muerte se extendió a todos los hombres porque "todos pecaron". No merecemos castigo simplemente porque Adán pecó, sino porque heredamos la propensión de Adán al pecado y nosotros mismos hemos pecado.

¿Alguna vez observó que no tiene que enseñar a sus hijos a pecar? ¿Se imagina sentándose con su hijo y diciendo: "Así es como se miente" o "Déjame mostrarte cómo ser egoísta"? Esas cosas son naturales en los niños.

Permítame ilustrar esto de otra forma. ¿Alguna vez ha visto una manzana que tiene un pequeño agujero? Si es así, no se la coma. La presencia del agujero indica que habrá un gusano dentro esperándole.

La mayoría de las personas, sin embargo, no saben cómo el gusano consiguió hacer su casa en esa manzana. Piensan que pasaba por allí un día y decidió comenzar a cavar en la piel de la fruta y hacer su casa en el interior; pero no es eso lo que ocurre.

Los gusanos nacen de larvas que han sido depositadas en la flor del manzano. La flor se convierte en un capullo y el capullo se convierte en una fruta. La manzana crece literalmente alrededor de la larva. El agujero se produce cuando el gusano madura y cava para salir.

De la misma manera, la semilla del pecado está en el interior de cada uno de nosotros en el momento de la concepción. Aunque la evidencia del pecado puede tardar un tiempo en aparecer en la superficie, está ahí y al final se hace visible.

El pecado requiere un castigo. Ese castigo, según la Escritura, es la muerte. Eso significa muerte física (en la que el alma se separa del cuerpo) y muerte espiritual (en la que el alma se separa de Dios).

LA PROVISIÓN

Pero Dios demuestra su amor por nosotros en esto: en que cuando todavía éramos pecadores, Cristo murió por nosotros.
Romanos 5:8, NVI

Hay dos palabras que, cuando se juntan, son muy poderosas: *pero Dios*. Esas palabras pueden revolucionar cualquier situación. "Mi matrimonio se está destruyendo, pero Dios…". "Mi esposo nos abandonó y mis hijos están fuera de control, pero Dios…". "No tengo trabajo, ni sueldo ni futuro, pero Dios…". Dios puede restaurar cualquier situación. "Soy un pecador condenado a una eternidad separado de Dios, pero Dios…". Esas palabras son un resumen de las buenas noticias para cada uno de nosotros. Incluso cuando todavía éramos todos pecadores,

Dios demostró su amor por nosotros enviando a Jesucristo a morir en nuestro lugar.

Es asombroso que Dios nos ame tanto. Lo que está claro es que no hemos hecho nada para merecerlo, pero el asombro se hace más profundo cuando pensamos en el significado del sacrificio de Jesús en el Calvario.

No cualquiera podía morir para pagar el precio del pecado. Como sabe, todos hemos pecado, por lo que ninguno de nosotros podía morir para pagar el precio del pecado porque aquel que nos salvaría debía ser perfecto y sin pecado.

Dos hermanos estaban jugando en el bosque un día de verano cuando, casi sin aviso, una abeja llegó volando y picó al hermano mayor en el párpado. Se echó las manos a la cara y cayó al suelo del dolor. Mientras el hermano menor miraba aterrado, la abeja comenzó a volar alrededor de su cabeza. Aterrorizado, comenzó a gritar: "¡La abeja viene por mí!". El hermano mayor, recuperando la compostura, dijo: "¿De qué hablas? Esa abeja no puede hacerte daño; ya me picó a mí".

La Biblia nos dice que eso es exactamente lo que ocurrió en el Calvario. Dios le ama tanto, que descendió del cielo en la persona de Jesucristo y recibió el "aguijón de la muerte" en su lugar en el Calvario. Jesús colgó de la cruz no por su propio pecado, sino por el mío y el de usted. Debido a que Jesucristo no tiene pecado, su muerte pagó el castigo por todos nosotros.

¿Cómo sabemos que la muerte de Jesús en la cruz se ocupó del problema del pecado para siempre? Por lo que ocurrió la mañana del domingo siguiente. Cuando María Magdalena llegó a la tumba de Jesús, no pudo encontrarlo. Vio a alguien y pensó que era un jardinero. Le preguntó dónde habían llevado el cuerpo del Señor. Cuando el jardinero dijo su nombre, María gritó con asombro. Era Jesús.

De hecho, según 1 Corintios 15, más de quinientas personas vieron personalmente al Cristo resucitado antes de que ascendiera al cielo.

Yo soy cristiano hoy porque la tumba está vacía. Si no fuera por la resurrección, nuestra fe sería una fe hueca e inútil. Como dijo el apóstol Pablo en el mismo capítulo de 1 Corintios 15, si Jesús no hubiera resucitado, seríamos las personas más dignas de lástima de la tierra. Pero el hecho es que Jesús *sí* resucitó. ¿Entonces, ¿qué hacemos ahora?

EL PERDÓN

Si confiesas con tu boca que Jesús es el Señor y crees en tu corazón que Dios lo levantó de entre los muertos, serás salvo. Porque con el corazón se cree para ser justificado, pero con la boca se confiesa para ser salvo. Romanos 10:9-10, nvi

Si las buenas obras pudieran salvar a alguien, la muerte de Jesús no tendría sentido; sin embargo, Jesús sabía que no podíamos pagar el precio del pecado. Por eso su sacrificio fue de vital importancia, y para que ese sacrificio nos asegure el perdón debemos confiar en Él para salvación.

Creer *en* Jesús es mucho más importante que creer cosas *sobre* Jesús. Conocer los hechos de su vida y muerte es mero conocimiento teórico. Creer en Jesús requiere que pongamos en práctica ese conocimiento. Significa confiar, tener seguridad plena y "entregarle su caso" a Él. Sin saberlo, usted ilustra este concepto cada vez que se sienta. En el momento en que usted pone su peso sobre una silla, ha creído en esa silla para que lo sostenga. La mayoría de nosotros tenemos tanta fe en las sillas, que nos sentamos sin pensarlo dos veces a pesar de cuál sea nuestro peso.

Si se cuela algún resquicio de duda, podríamos mantener el equilibrio agarrando algo con la mano o manteniendo las piernas flexionadas y dejando caer solo una parte de nuestro peso en la silla. Eso es lo que muchas personas hacen con la salvación. Están bastante seguras de que Jesús es quien dijo ser, pero aseguran su apuesta poniendo un poco de confianza en sus esfuerzos por hacer el bien, en las tradiciones de la iglesia o en cualquier otra cosa que puedan hacer.

Debe entender que si depende de cualquier cosa que no sea Jesús para obtener la salvación, lo que realmente está diciendo es que Jesucristo no es suficiente.

Dios está esperando que usted entregue todo el peso de su existencia a Jesucristo y lo que Él hizo en la cruz. Su destino eterno completo debe descansar en Él.

Puede que usted diga: "Pero mi mamá era cristiana y ella oraba por mí". Gloria a Dios. Pero ¿y usted? El cristianismo no tiene nada que ver con su herencia. No tiene nada que ver con el nombre de la iglesia a la que asiste. Tiene que ver con el hecho de si usted ha puesto su confianza absoluta únicamente en la obra de Cristo.

¿QUÉ HAGO AHORA?

¿Alguna vez ha confesado su pecado a Dios y ha confiado únicamente en Jesucristo para obtener salvación? Si no lo ha hecho, no hay mejor momento que ahora mismo. Todo comienza con una sencilla oración, y las palabras exactas no son importantes. Lo que importa es su sinceridad. Este es un ejemplo:

Amado Señor Jesús, confieso que soy un pecador. No he sido capaz de reflejar tu gloria y merezco el castigo que es el resultado del pecado. Jesús, creo que tú eres santo y sin pecado, que moriste en la cruz del Calvario y te levantaste de los muertos para darme salvación. Ahora, pongo toda mi confianza en ti como mi Salvador y recibo el regalo gratuito de la salvación y la vida eterna que prometes darme si confío en ti. Por favor, perdona mis pecados y dame vida eterna. Gracias por salvarme. Quiero vivir mi vida para ti. Amén.

APÉNDICE E: "LA ALTERNATIVA URBANA"

La Alternativa Urbana (*The Urban Alternative* – TUA) equipa, empodera y une a los cristianos para impactar *individuos, familias, iglesias* y *comunidades* a través de una cosmovisión de la agenda del reino. Al enseñar la verdad, buscamos transformar vidas.

La raíz de los problemas que enfrentamos en nuestras vidas personales, hogares, iglesias y sociedades es espiritual; por lo tanto, la única manera de enfrentarlos es espiritual. Hemos probado agendas políticas, sociales, económicas y hasta religiosas.

Es el momento de impulsar una **agenda del reino.**

La agenda del reino puede definirse como la manifestación visible del gobierno general de Dios en todas las áreas de la vida.

El tema central de toda la Biblia es la gloria de Dios y el avance de su reino. El hilo conductor desde Génesis hasta Apocalipsis (del principio al final) se enfoca en una cosa: la gloria de Dios a través del avance de su reino.

Cuando no reconocemos el tema principal, la Biblia se convierte en un puñado de historias inspiradoras desconectadas entre sí que no parecen coincidir en propósito y dirección. Entender el rol que tiene el reino en la Escritura aumentará la relevancia de este texto milenario en nuestra vida diaria, porque el reino no es solo algo de ese tiempo; es también para el presente.

La ausencia de la influencia del reino en nuestras vidas personales, familiares, eclesiales y comunitarias ha desembocado en un deterioro de proporciones inmensas en nuestro mundo:

+ Las personas viven vidas fragmentadas porque carecen de la perspectiva del reino de Dios.

+ Las familias se desintegran porque existen para su propia satisfacción en lugar de existir para el reino.

+ Las iglesias están limitadas en el alcance de su impacto porque no logran comprender que la meta de la Iglesia no es la Iglesia en sí misma sino el reino.

+ Las comunidades no tienen a dónde ir para encontrar soluciones reales para las personas reales que tienen problemas reales porque la Iglesia se ha vuelto dividida, autocomplaciente e incapaz de transformar el panorama cultural y político de manera relevante.

La agenda del reino nos ofrece una manera de vivir y ver la vida con una esperanza firme, optimizando las soluciones del cielo. Cuando Dios deja de ser la norma de autoridad final bajo la que está todo lo demás, el orden y la esperanza se marchan también; sin embargo, lo contrario también es cierto: mientras tengamos a Dios, tendremos esperanza. Si Dios sigue estando presente y su agenda sigue estando sobre la mesa, no es el final.

Dios le sostendrá, aunque el resto de las relaciones colapsen. Dios le guardará, aunque las finanzas disminuyan. Si sus sueños mueren, Dios le revivirá. Mientras Dios y su gobierno sigan siendo la máxima autoridad en su vida, familia, iglesia y comunidad, siempre hay esperanza.

Nuestro mundo necesita la agenda del Rey. Nuestras iglesias necesitan la agenda del Rey. Nuestras familias necesitan la agenda del Rey.

Hemos desarrollado un plan en tres partes que nos dirija para sanar las divisiones y buscar la unidad mientras avanzamos hacia la meta de ser una sola nación bajo Dios. Este plan en tres partes nos anima a reunirnos con otros en unidad, abordar los problemas que nos dividen y actuar juntos para crear impacto social. Si seguimos este plan veremos individuos, familias, iglesias y comunidades transformados al seguir la agenda del reino de Dios en todas las áreas de nuestra vida. Puede solicitar este plan visitando TonyEvans.org/Strategy.

En muchas ciudades importantes hay un desvío que los conductores pueden tomar cuando quieren llegar a algún lugar que está al otro lado de la ciudad, pero no desean tener que pasar por el centro. El desvío le llevará bastante cerca de la ciudad y podrá ver los edificios y sus siluetas, pero no tan cerca como para verlo realmente bien.

Esto es precisamente lo que nosotros, como cultura, hemos hecho con Dios. Lo hemos puesto en el desvío de nuestras vidas personales, familiares, eclesiales y comunitarias. Está lo suficientemente cerca como para estar a mano si lo necesitamos en una emergencia, pero lo suficientemente lejos como para no ser el centro de nuestra vida.

Queremos que Dios siga siendo un desvío, no el Rey de la Biblia que viene al centro de la ciudad para asentarse en el corazón de lo que hacemos. Dejar a Dios como desvío produce consecuencias nefastas, como hemos visto en nuestras propias vidas y en las de los demás. Sin embargo, cuando hacemos a Dios y su gobierno el centro de todo lo que pensamos, hacemos y decimos, lo experimentaremos de la forma que Él anhela que lo experimentemos.

Él quiere que seamos personas de reino, con mentalidad de reino, decididas a cumplir los propósitos de su reino. Quiere que oremos como Jesús oró, diciendo: "No se haga mi voluntad, sino la tuya". Porque suyo es el reino, el poder y la gloria.

Hay un solo Dios, y no somos nosotros. Como Rey y Creador, Dios es quien está al mando. Solo cuando nos alineemos bajo su mano que todo lo sostiene, tendremos acceso a la plenitud de su poder y autoridad en todas las esferas de la vida: personal, familiar, eclesial y gubernamental.

Cuando aprendemos a gobernarnos a nosotros mismos bajo la autoridad de Dios, transformamos las instituciones de la familia, la Iglesia y la sociedad utilizando una cosmovisión basada en la Biblia.

Bajo su autoridad, tocamos el cielo y cambiamos la tierra.

Para conseguir nuestro objetivo utilizamos varias estrategias, enfoques y recursos para alcanzar y equipar al mayor número de gente posible.

MEDIOS DE COMUNICACIÓN AUDIOVISUAL

Millones de individuos escuchan *The Alternative with Dr. Tony Evans* (La alternativa con el Dr. Tony Evans) a través de la retransmisión radial diaria que se emite en casi **2000 emisoras en más de 130 países**. La retransmisión también puede verse en varios canales de televisión, entre los que se incluyen TBN y Fox Business, y también está disponible en el internet, en TonyEvans.org. También puede escuchar o ver la retransmisión del día descargando gratuitamente la aplicación de Tony Evans. Se realizan más de 60 millones de descargas/transmisiones de mensajes cada año.

ENTRENAMIENTO DE LIDERAZGO

El *Centro de Formación Tony Evans* (TETC por sus siglas en inglés) es una plataforma de discipulado completo que facilita un programa educativo que refleja la filosofía ministerial del Dr. Tony Evans, expresada a través de la agenda del reino. El curso de formación se enfoca en el desarrollo de liderazgo y el discipulado en estos cinco temas:

+ Biblia y teología

+ Crecimiento personal

+ Familia y relaciones

+ Salud de la iglesia y desarrollo de liderazgo

+ Estrategias de impacto en la sociedad y la comunidad

El programa TETC incluye cursos para estudiantes presenciales o en línea. Además, el programa TETC incluye trabajos para personas que no son estudiantes. Pastores, líderes cristianos y laicos pueden cursar el programa, tanto presencialmente como a distancia, para obtener el *Kingdom Agenda Certificate* para el desarrollo personal, espiritual y profesional. Si desea más información, visite TonyEvansTraining.org.

Pastores de la Agenda del Reino (KAP, por sus siglas en inglés) ofrece una *red viable* para pastores con una *mentalidad similar* que se identifiquen con la filosofía de la agenda del reino. Los pastores tienen la oportunidad de profundizar con el Dr. Tony Evans mientras reciben mayor conocimiento bíblico, aplicaciones prácticas y recursos para impactar individuos, familias, iglesias y comunidades. KAP recibe a *pastores principales y asociados* de todas las iglesias. KAP también ofrece una conferencia anual que se lleva a cabo todos los años en Dallas y que contiene seminarios intensivos, talleres y recursos. Para más información, visite KAFellowship.org.

Pastors' Wives Ministry (Ministerio para esposas de pastores), fundado por la difunta Dra. Lois Evans, ofrece *asesoría, apoyo* y *recursos espirituales* para esposas de pastores que sirven con sus esposos en el ministerio. Uno de los principales enfoques del ministerio es la conferencia KAP, que ofrece a las esposas de los pastores principales un lugar seguro para *reflexionar, renovar fuerzas* y *relajarse*, así como formación en desarrollo personal, crecimiento espiritual y cuidados para su salud emocional y física. Para más información, visite LoisEvans.org.

IMPACTO COMUNITARIO DEL REINO

Los programas de alcance de La Alternativa Urbana buscan ser una influencia positiva para individuos, iglesias, familias y comunidades a través de una variedad de ministerios. Creemos que estos esfuerzos son necesarios para nuestro llamado ministerial y esenciales para las comunidades a las que servimos. Capacitamos sobre cómo iniciar y mantener programas para adoptar escuelas, brindar servicios a personas sin hogar o asociarnos hacia la unidad y la justicia con las comisarías de policía locales, lo que crea una conexión entre la policía y nuestra comunidad. De esta manera, como ministerio, vivimos la agenda del reino de Dios de acuerdo con nuestra Estrategia del Reino para la Transformación Comunitaria.

La Estrategia del reino para la transformación comunitaria es una estrategia en tres partes que equipa a las iglesias para tener un impacto positivo en sus comunidades para el reino de Dios. También ofrece muchas sugerencias prácticas para cómo implementar este plan de tres partes en su comunidad, y sirve de guía para unir a las iglesias alrededor de la meta común de hacer un mundo mejor para todos. Para más información, visite TonyEvans.org/Strategy. También ofrecemos un curso en el internet de esta estrategia en el Centro de Formación Tony Evans.

Tony Evans Films promueve cambios vitales positivos a través de cortos, animaciones, largometrajes y documentales conmovedores. Queremos levantar discípulos del reino a través del poder de las historias, utilizando diversas plataformas para el consumo del contenido por parte de los espectadores. TEF combina los cortos y las películas con materiales de estudio bíblico relevantes para llevar a las personas al conocimiento salvador de Jesucristo y fortalecer al cuerpo de Cristo en todo el mundo. Los estrenos de Tony Evans Films incluyen *Kingdom Men Rising, Journey with Jesus* y *Unbound: The Bible's Journey Through History.*

DESARROLLO DE RECURSOS

Fomentamos colaboraciones de aprendizaje continuo con las personas a las que servimos al ofrecerles una gran variedad de materiales publicados. El Dr. Evans ha publicado más de 150 títulos diferentes que tienen su base en más de cincuenta años de predicaciones, entre los que se incluyen folletos, libros y estudios bíblicos. También tiene el honor de haber escrito y publicado el primer comentario bíblico completo, así como una Biblia de estudio por un afroamericano, que se publicó en 2019. Esta Biblia está expuesta permanentemente como lanzamiento histórico en el Museo de la Biblia en Washington, D.C.

Para más información y para suscribirse al correo electrónico de devocionales del Dr. Evans, llame al (800) 800-3222 o visítenos en línea en TonyEvans.org/Devo.

NOTAS

CAPÍTULO 1: CREADOS PARA LA BONDAD

1. Samuel K. Cohn Jr., "4 Epidemiology of the Black Death and Successive Waves of Plague", *Medical History Supplement* 27, (2008), pp. 74-100, https://www.ncbi.nlm.nih.gov/pmc/articles/PMC2630035/

CAPÍTULO 3: EL IMPERATIVO DIVINO

1. Tony Evans, CSB *Tony Evans Study Bible* (Nashville, TN: Holman Bible Publishers, 2019), p. 1074.

CAPÍTULO 6: EL MINISTERIO DE LA MILLA EXTRA

1. Citado en Armand Gilinsky, *Business Strategy for a Normal: Concepts and Cases* (Cham, Switzerland: Palgrave Macmillan, 2023), p. 5.

2. "Our Values", Culture & Values, n.d., Chick-fil-A.com, https://www.Chick-fil-A.com/careers/culture

CAPÍTULO 9: RICOS EN LA OBRA DE DIOS

1. Daniel De Visé, "An 'Average' American Income May No Longer Cut It", *The Hill*, 21 de junio de 2023, https://thehill.com/business/4059025-an-average-american-income-may-no-longer-cut-it/

2. Jason Lalijee, "Here's How Much the World's Wealthiest, Middle Class, and Poorest Make in a Year", Business Insider, 7 de diciembre de 2021, https://www.businessinsider.com/how-much-wealthy-middle-class-poor-make-income-per-year-2021-12

ACERCA DEL AUTOR

El **Dr. Tony Evans** es uno de los líderes más respetados del país en los círculos evangélicos. Es pastor, autor de éxitos de ventas y orador frecuente en conferencias bíblicas y seminarios por todo el país.

El Dr. Evans ha sido pastor principal de la iglesia Oak Cliff Bible Fellowship por más de cuarenta años, siendo testigo de su crecimiento desde diez personas en 1976 a lo que hoy en día son más de diez mil congregantes y más de cien ministerios.

También es presidente de La Alternativa Urbana, un ministerio que busca restaurar la esperanza y transformar vidas mediante la proclamación y la aplicación de la Palabra de Dios. Su retransmisión radial diaria, *La Alternativa con el Dr. Tony Evans*, se puede escuchar en más de dos mil estaciones de radio en todos los Estados Unidos y en más de 130 países.

El Dr. Evans tiene el honor de haber escrito y publicado el primer comentario bíblico completo y una Biblia de estudio escrita por un afroamericano. La Biblia de estudio y el comentario vendieron más de 225 000 ejemplares en su primer año.

Fue capellán de los Dallas Cowboys y los Dallas Mavericks.

A través de su iglesia local y su ministerio nacional, el Dr. Evans ha puesto en marcha una filosofía ministerial centrada en la agenda del reino, que enseña el gobierno completo de Dios sobre todas las áreas de la vida: el individuo, la familia, la iglesia y la sociedad.

El Dr. Evans estuvo casado con Lois, su esposa y compañera en el ministerio por más de cincuenta años, hasta que Lois pasó a gloria a finales del 2019. Es el padre orgulloso de cuatro hijos, abuelo de trece nietos y bisabuelo de tres. El Dr. Evans se casó con la Sra. Carla Evans en noviembre de 2023 y sirven juntos al Señor en Dallas, Texas.